200
Anécdotas e Ilustraciones

D1714975

200
Anécdotas e Ilustraciones

por

D. L. MOODY

EDITORIAL
PORTAVOZ

La misión de *Editorial Portavoz* consiste en proporcionar productos de calidad —con integridad y excelencia—, desde una perspectiva bíblica y confiable, que animen a las personas a conocer y servir a Jesucristo.

EDITORIAL PORTAVOZ
2450 Oak Industrial Dr. NE
Grand Rapids, Michigan 49505 USA
Visítenos en: www.portavoz.com

ISBN 978-0-8254-5634-3 (rústica)
ISBN 978-0-8254-0665-2 (Kindle)
ISBN 978-0-8254-8271-7 (epub)

3 4 5 6 7 / 27 26 25 24 23 22 21

Impreso en los Estados Unidos de América
Printed in the United States of America

DOS PALABRAS DE
LOS EDITORES

Nos es particularmente grato presentar esta breve selección de anécdotas e ilustraciones tomadas de los escritos del muy amado evangelista Moody, cuya obra para el Señor sigue dando frutos en muchos países, más de medio siglo después de su muerte.

Las anécdotas e ilustraciones que publicamos han sido tomadas de los siguientes quince libros:

Moody´s Anecdotes, Moody´s Stories, Moody´s Latest Sermons, Sovereign Grace, Heaven, To the Work, Secret Power, Short Talks, The Overcoming Life, Stories About Children, Sowing and Reaping, Men of the Bible, Bible Characters, Weighed and Wanting, Life of D. L. Moody.

Esperamos que estas páginas tan interesantes de este gran siervo de Dios sean de mucha bendición para los lectores de Latinoamérica.

1. FE MUY PEQUEÑA, DIOS MUY GRANDE

Una mujer fue presentada un día a un predicador, con las siguientes palabras:

—Esta es la Señora X, una mujer de mucha fe.

La señora inmediatamente dijo:

—Se equivoca usted. Soy una mujer de poca fe, pero tengo un gran Señor.

2. EL ECO

Quizás ustedes hayan oído el cuento del muchacho que vivía en un bosque. Un día creyó escuchar la voz de otro chico, allá a lo lejos. Gritó: "¡Hola! ¡Hola!" y la voz le respondió: "¡Hola! ¡Hola!". El niño no sabía que se trataba del eco de su propia voz, y entonces comenzó a gritar insultos que eran contestados inmediatamente.

Después de un rato, entró a su casa y le contó a su madre que había un muchacho muy malo en el bosque. La madre, que comprendió el caso, le dijo que le hablara bondadosamente al muchacho para ver si le respondía del mismo modo. El chico salió de nuevo, hizo la experiencia, y encontró que sus palabras de cariño eran contestadas de la misma manera.

Este cuento es bastante ilustrativo. Algunos de ustedes piensan que tienen vecinos malos y desagradables. Es probable que el problema esté en ustedes mismos. Si ustedes aman a sus prójimos, ellos han de amarles a ustedes.

3. LAS DOS PREGUNTAS DE JUAN WESLEY

Cuando Wesley recibía en su casa a los jóvenes que habían sido enviados a prueba a predicar, les hacía dos preguntas: ¿Se ha convertido alguien? ¿Se ha enojado alguien?

Si la respuesta era negativa, les decía que no creía que el Señor les hubiese llamado a predicar el evangelio y les enviaba a hacer otras cosas. Cuando el Espíritu Santo redarguye de pecado, o la gente se convierte, o se enoja.

4. CREYÓ EN LA PALABRA DEL PRÍNCIPE

Cuenta la historia que un hombre fue condenado a muerte. Cuando ya iba a ser decapitado, el príncipe que era el encargado de la ejecución le preguntó si tenía algo que pedir. Todo lo que el reo pidió fue un vaso de agua. Cuando se lo trajeron, temblaba tanto que no podía acercar el agua a sus labios. Entonces el príncipe le dijo que se tranquilizara, pues nada le sucedería hasta que hubiese terminado de beber esa agua.

El hombre confió en la palabra del príncipe y arrojó el vaso al suelo. No pudieron recoger el agua derramada, y así el reo se salvó. Mi amigo, tú puedes ser salvo ahora, creyendo en la Palabra de Dios. El agua de vida se ofrece ahora a todo el que quiera tomarla. Toma de ella y vivirás.

5. SE DABA POR ALUDIDO

Mi esposa estaba enseñándole a mi hijito una lección de escuela dominical. Le estaba explicando la forma en que un pecado se convierte en un hábito. El chico creyó que ya la cosa se le estaba acercando demasiado, y entonces medio ruborizado le dijo a la madre:

—Mamita, me parece que te estás alejando mucho del tema.

6. TODOS PRECISAMOS A CRISTO

Un pastor, que viajaba por el sur de los Estados Unidos, consiguió un permiso para predicar en la cárcel local. El hijo de un amigo lo acompañó. Después de la predicación, el joven, que no era cristiano, le dijo al predicador:

—Espero que tu sermón haya impresionado a los criminales. Una predicación de esa clase debe hacerles mucho bien.

—¿Te hizo bien a ti?

—Pero ¡tú estabas predicando a los presidiarios!

El pastor meneó la cabeza y dijo:

—Yo estaba predicando el evangelio de Cristo y tú lo necesitas tanto como ellos.

7. NO COMÍA SINO MIGAJAS

Una vez oí contar al reverendo Guillermo Arnot acerca del perro de un amigo suyo. El animal entraba al comedor cuando la familia estaba sentada a la mesa, y se quedaba quieto, mirando a su amo. Si el amo le tiraba algunas migajas de pan, el perro saltaba y las tomaba del aire antes de que tocaran el suelo. Pero si ponía un pedazo de carne en el piso, el perro la miraba y no la tocaba, como si fuese algo demasiado bueno para él.

—Así son muchos cristianos —decía el señor Arnot—, están satisfechos con comer migajas, cuando Dios quiere darles comida abundante.

Vengan sin temor al trono de la gracia y obtengan la ayuda que precisan. Hay abundancia para todos.

8. DOS PERSONAS LO CONVIRTIERON

A un escocés se le preguntó una vez cuántas personas intervinieron en su conversión.

—Dos —fue la respuesta.

—¿Dos? ¿Cómo es posible? ¿No hizo acaso Dios toda la obra?

—El Todopoderoso y yo me convirtieron. Yo hice todo lo que pude en contra y el Todopoderoso hizo todo lo que pudo a favor, y triunfó Él, alabado sea su nombre.

9. ¿HAY ALGO QUE CULTIVAR?

Actualmente oímos mucho acerca de la necesidad de cultivar el espíritu. Cuando haya algo que cultivar, eso está muy bien. Si yo planto un reloj, no creo que pueda cosechar relojitos, ¿verdad? Es que la semilla de la vida no está allí. Pero si planto porotos o patatas, he de tener una cosecha.

Que nadie se quede sin estar seguro de que haya nacido del Espíritu de Dios. Primero asegúrate de que posees la naturaleza divina y luego cultívala.

10. ¡NO TE METAS EN LO QUE NO TE IMPORTA!

Hace muchos años, me dirigía a mi casa en Chicago cuando vi a un hombre que estaba apoyado en un farol. Me acerqué y, poniéndole la mano en el hombro, le dije:

—¿Es usted cristiano?

Se puso furioso, me amenazó y yo creía que me iba a pegar. Le dije:

—Siento mucho si le he ofendido, pero me parecía que yo le estaba haciendo una pregunta importante.

—¡No se meta en lo que no le importa! —me dijo rugiendo de ira.

—Es que sí me importa —le dije, al retirarme del lugar.

Unos tres meses más tarde, una mañana muy fría, poco después del amanecer llamaron a mi puerta.

—¿Quién es? —pregunté antes de abrir.

Una voz desconocida me contestó:

—He venido porque deseo ser cristiano.

Abrí la puerta y con gran sorpresa vi que estaba allí el hombre que me había maldecido porque le hablé esa noche junto al farol.

Me dijo:

—Le ruego que me perdone. No he tenido paz desde esa noche. Sus palabras me han perseguido desde entonces. Anoche no pude dormir y resolví venir para que usted orara conmigo.

Ese hombre aceptó a Cristo y, en ese mismo momento, preguntó:

—¿Qué puedo hacer para el Señor?

Enseñó en la escuela dominical hasta que estalló la guerra. Entró en el ejército, y fue uno de los primeros en morir, pero dejó un elocuente testimonio para Dios.

11. POR LA MANERA DE CAMINAR

—Ese hombre ha estado en el ejército, o en un colegio militar —le dije en cierta ocasión a un amigo.

—Efectivamente, pero ¿cómo lo supo?

—Por su manera de caminar.

Es así con los cristianos. Podemos saber si han estado con Jesús, por su manera de andar.

12. UN HOMBRE NUEVO VISTIENDO ROPAS VIEJAS

Hace unos años, dio su testimonio en una de nuestras reuniones un hombre que había caído muy bajo, pero que había sido transformado maravillosamente por el evangelio. El hombre decía que se desconocía, que era un hombre nuevo en un traje viejo. Y decía la verdad.

Vi un aviso que decía más o menos así: "Si quieres que la gente te respete, viste bien". ¡Esa es la idea que tiene el mundo acerca del respeto del mundo! ¡Qué absurdo! Un leproso puede vestir bien, pero seguirá siendo leproso. Una mera profesión no ha de transformar un hombre. Es la nueva naturaleza de la que se nos habla en 2 Corintios 5:17: "De modo que si alguno está en Cristo, nueva criatura es; las cosas viejas pasaron; he aquí todas son hechas nuevas".

13. NUESTRA ESPERANZA

Una hermosa niña de quince años se enfermó repentinamente, quedando casi ciega y paralizada. Un día escuchó al médico de cabecera mientras le decía a sus padres:

—Pobre niña; por cierto que ha vivido ya sus mejores días.

—No, doctor —exclamó la enferma—, mis mejores días están todavía en el futuro. Son aquellos en los cuales he de contemplar al Rey en su hermosura.

Esa es nuestra esperanza. No seremos aniquilados. Cristo resucitó de entre los muertos como garantía de que nosotros también resucitaremos. La resurrección es el gran antídoto contra el temor de la muerte. Nada puede reemplazarla. Las riquezas, el conocimiento y los placeres mundanales no nos pueden traer consuelo en la hora de nuestra muerte. El cardenal Borgia exclamó al morir:

—En mi vida me he preparado para todo menos para la muerte y, ahora, ¡Ay de mí! ¡No me encuentro listo!

Comparemos estas palabras con las de uno de los primeros discípulos: "Estoy cansado. Quiero dormir. Buenas noches". Estaba seguro de despertar en una tierra mejor.

14. LA ESCALERA ERA UN SUEÑO

Un hombre soñó que había construido una escalera que iba de la tierra al cielo y que, cada vez que hacía alguna buena acción, la escalera subía un par de metros. Cuando hacía alguna cosa extraordinaria, la escalera subía aun más, y cuando daba fuertes sumas de dinero, más todavía. Después de un tiempo, ya era tan alta que no se veía la parte superior, perdida entre las nubes. El hombre creyó que cuando le llegara la muerte, subiría su escalera y entraría directamente al paraíso. Pero escuchó una voz del cielo que decía: "El… que sube por otra parte, ese es ladrón y salteador" (Jn. 10:1).

En eso se cayó escalera y todo, y se despertó. Vio que si quería ser salvo, debía serlo por otro camino y no por el de las buenas obras. Y entonces tomó el único camino: el Señor Jesucristo.

15. SUS OJOS FUERON ABIERTOS

Se cuenta acerca de un niño que fue a pasar el invierno en el campo, en Florida. Volvió a la ciudad muy disgustado con la vida campesina, tan aburrida.

Su nuevo maestro, que era aficionado a la botánica, logró interesar mucho al alumno en el estudio de ciertas plantas tropicales, y le llevó a un invernadero para que las viera crecer.

Luego le dijo que en Florida había muchas de esas hermosas orquídeas.

El muchacho le dijo sorprendido:

—Pero yo he estado en Florida y no he visto ninguna.

—Tal vez no buscaste orquídeas, por eso no las viste. La próxima vez que vayas, no se te han de escapar.

Así sucede a menudo con la Biblia. Una persona no ve ninguna belleza en ella, pero el Espíritu Santo está dispuesto a abrir los ojos del entendimiento y a enseñarnos. Quizás algún sermón o algún libro nos revele alguna verdad, dándole una aplicación a nuestras vidas, que nunca antes haya tenido.

16. UN PROVERBIO VERAZ

Hay un proverbio árabe que reza así: "Al cuello, lo dobla la espada; pero al corazón, únicamente lo dobla otro corazón". El amor es irresistible.

17. NUNCA SE AGOTA

Recuerdo que visité una ciudad en donde la gente iba a sacar agua de un pozo situado en uno de los parques. Un día le pregunté a un hombre si el pozo se secaba.

El hombre estaba tomando agua y, después beber, me dijo:

—Nunca han podido agotar este pozo. Procuraron hacerlo hace algunos años. Pusieron en funcionamiento las bombas del Cuerpo de Bomberos, sin resultado alguno. Encontraron que hay un caudaloso río que corre por debajo de la ciudad.

¡Gracias a Dios, así es el pozo de la salvación! ¡Nunca puede agotarse!

18. TENÍA CONFIANZA EN SU PADRE

Un grupo de turistas en la región montañosa de Escocia quería apoderarse de algunos huevos que estaban en un nido situado en un lugar inaccesible frente a un precipicio. Trataron de convencer a un niño que vivía por allí cerca de que podía bajar hasta donde estaba el nido si le ataban a una soga, que sería sostenida por ellos desde arriba. Le ofrecieron una gruesa suma de dinero pero, como eran unos desconocidos, el muchacho se negó a bajar. Le dijeron que no pasaría nada, pues ellos sostendrían firmemente la soga.

Por fin el muchacho dijo:

—La única condición que pongo para bajar es que sea mi padre el que tenga la soga.

Los hombres no confían en los extraños. Yo necesito conocer a una persona antes de depositar en ella mi confianza. Pero hace cuarenta años que conozco a Dios, y cada día tengo más confianza en Él.

19. ASERRÍN O PAN

Si sales a tu jardín y arrojas al suelo un poco de aserrín, los pájaros no se fijarán en él; pero si en cambio arrojas migas de pan, enseguida verás cómo los pajaritos bajan de los árboles para arrebatarlas.

El que es realmente hijo de Dios conoce bien la diferencia, por así decirlo, entre el aserrín y el pan. Muchos que se dicen cristianos están comiendo del aserrín del mundo, en lugar de ser alimentados por el pan que desciende del cielo. Lo único que puede satisfacer los anhelos del alma es la Palabra del Dios viviente.

20. ¡EL NENE COME SOLO!

El día en que el bebé de la familia empieza a comer solo es muy importante. El nene está sentado frente a la mesa y empieza a usar la cuchara, quizás al revés, pero luego la usa bien y la madre o la hermana dice entusiasmada:

—¡El nene está comiendo solo!

Bien, lo que necesitamos como cristianos es

poder comer solos. ¡Cuántos hay que se sientan, impotentes y apáticos y abren la boca, con hambre de las cosas espirituales! Esperan que el pastor les dé de comer, mientras que en la Biblia hay ya lista una gran fiesta para ellos. Sin embargo, no se animan a empezar a comer solos.

21. EL MAYOR MISTERIO

El doctor Andrés Bonar dijo en cierta ocasión que aunque era para él un misterio saber cómo el pecado había entrado al mundo, le resultaba un misterio aún mayor que Dios hubiese venido al mundo para llevar el castigo del pecado sobre sí.

22. ¿QUÉ PODÍA HACER EL REY?

En el siglo II de nuestra era, llevaron a un cristiano ante un rey que quería que el hombre abandonara a Cristo y al cristianismo. El soberano le dijo:

—Si no abandonas tu fe, te voy a desterrar.

El hombre sonriendo, contestó:

—Su majestad no puede desterrarme de Cristo, que ha dicho: "No te desampararé, ni te dejaré" (He. 13:5).

Entonces el rey, enojado, le dijo:

—Lo que haré es confiscar tus bienes y quitarte todo.

El hombre respondió:

—Mis tesoros están en el cielo; usted no podrá tocarlos.

El rey se enojó aún más y dijo:

—Lo único que queda es matarte.

—Pero —dijo el hombre—, ¡hace cuarenta años que estoy muerto! Morí con Cristo, y mi vida está escondida con Cristo en Dios, por lo que usted no podrá tocarla.

23. ALABANDO SIEMPRE

Hace algunos años, se convirtió un hombre que estaba siempre alabando al Señor. Vivía continuamente en la luz. A todo lo que decía en las reuniones le anteponía siempre las palabras: "¡Alabado sea Dios!".

Una noche llegó a la reunión con una mano vendada. Se había cortado y la tenía bastante mal. Bueno, pensé, veamos cómo alaba a Dios ahora. Pero el hombre se puso de pie y dijo:

—¡Me he cortado el dedo!, pero ¡alabado sea Dios! no lo perdí, como hubiera sido posible.

Si las cosas andan mal, recuerda que podrían estar mucho peor.

24. NO ES TAN ABSURDO

Hace algún tiempo, un hombre me dijo:

—Moody, la doctrina que usted predica es

de lo más absurda. Usted afirma que los hombres solo tienen que creer para que se cambie todo el curso de su existencia. Nadie va a cambiar su vida meramente por creer.

Yo le respondí que creía poderle convencer en menos de dos minutos que el evangelio decía la verdad, y entonces le dije:

—Vamos a ver. Usted dice que a un hombre no le afecta lo que cree, y que ello no ha de cambiar el curso de sus acciones.

—Así es.

—Supongamos, entonces, que un hombre se asomara a esta puerta y nos dijera que la casa se está incendiando. Si usted creyera sus palabras, saltaría por la ventana para ponerse a salvo, ¿no es cierto?

—Ah —respondió—, no se me había ocurrido pensar de esa manera.

Es que las creencias, la fe, son la base de la sociedad, del comercio y de todo.

25. NO DEMASIADO PARA EL CÉSAR

Se dice que en cierta ocasión, cuando César hizo un regalo muy costoso, el que lo recibió dijo que era demasiado valioso. El emperador le contestó que no era demasiado costoso para que lo diera el César.

Nuestro Dios en un gran Rey, y le agrada

darnos regalos; debemos entonces agradarle pidiéndole grandes cosas.

26. ¿QUÉ CLASE DE SEMILLAS ESTÁS SEMBRANDO?

Supongamos que yo me encuentre con un hombre que está sembrando, y que cuando le pregunte qué semilla siembra, me conteste que no sabe. ¿No te parece que estaría loco?

Sin embargo, mucho más locos son aquellos que siguen sembrando para el tiempo y para la eternidad, y nunca se preguntan qué están sembrando, ni cuál será la cosecha.

Padre de familia: ¿Qué semilla estás sembrando en tu hogar? ¿Estás dándole un buen ejemplo a tus hijos? ¿Pasas la mayor parte de tu tiempo en la taberna o en el club, de modo que eres casi un extraño para tus hijos? ¿Estás enseñándoles en los caminos de Dios y de la justicia?

27. CODICIOSO HASTA LA MUERTE

Un pastor evangélico inglés fue llamado al lecho de muerte de un hombre rico. Arrodillado junto al moribundo, el pastor le pidió que le tomara la mano mientras oraba por él en esa hora tan solemne. Sin embargo, el moribundo rehusó extender su mano. Después del fallecimiento, vieron que las manos rígidas encerraban la llave de la caja fuerte. El corazón y la mano, hasta el fin, se estaban aferrando a las posesiones, que el muerto no podía llevar al más allá.

28. ¡SÍRVETE TÚ MISMO!

Cuando yo estaba visitando la costa del Pacífico, estuve en casa de un hombre que tenía viñedos y plantaciones de naranjas. Un día me dijo:

—Moody, mientras estés aquí, quiero que te sientas como si estuvieses en tu propia casa. Si hay algo que deseas, sírvete tú mismo.

Así pues, cuando yo quería comer una naranja, no iba al naranjo a orar que las naranjas se cayeran del árbol a mi bolsillo. Lo que hacía era acercarme al naranjo, estirar la mano y sacar las naranjas. Mi amigo había dicho que me sirviera y me serví.

Dios dice: "Ahí esta mi Hijo; tómalo como tu Salvador. "La paga del pecado es muerte; mas la dádiva de Dios es vida eterna" (Ro. 6:23).

29. A LA HORA QUE NO PENSÁIS

Murray McCheyne, el predicador escocés, preguntó una noche en una reunión de amigos, si pensaban que el Señor volvería esa misma noche.

Uno tras otro le contestaron que no.

Cuando todos dieron sus respuestas, McCheyne repitió solemnemente el texto: "Porque el Hijo del Hombre vendrá a la hora que no pensáis" (Mt. 24:14).

30. CÓMO LE EXPLIQUÉ A GUILLERMO LO QUE ES LA FE

Hace algunos años le quise explicar a mi hijo Guillermo lo que es la fe, así que lo puse sobre una mesa. Era muy pequeño; solo tendría dos años. Me alejé un metro de la mesa y le dije:

—Salta, Guillermo.

—Papá, tengo miedo —me contestó.

Dos o tres veces se preparó para saltar, pero al final no se animaba. Entonces le dije:

—Guillermo, ¿no te dije que yo te agarraría? ¿Crees que tu papá te está engañando? Ahora, mírame a los ojos, salta, y yo te tomaré en mis brazos.

El niño saltó y lo tomé.

Entonces me dijo:

—Déjame saltar otra vez.

Lo puse de nuevo sobre la mesa y saltó inmediatamente.

Luego, estando yo ya a unos dos metros de la mesa saltó otra vez, y pude adelantarme a tiempo para recibirlo. Parecería ya estar poniendo demasiada confianza en mí. Pero nunca será demasiada la confianza que pongamos en Dios.

31. BUENAS NOTICIAS

Se dice que el poeta Tennyson le preguntó una vez a una anciana cristiana si tenía alguna noticia.

—Pero, señor Tennyson —contestó—, hay una sola noticia que yo conozco y es que Cristo murió por los pecadores.

—Esa es noticia vieja, noticia nueva y buena noticia —respondió el poeta.

32. PISABA EL TERRENO DE SATANÁS

Según una leyenda, el apóstol San Juan estaba muy afligido por la caída de un joven cristiano. Llamó a Satanás a su presencia y le reprochó por haber arruinado a un joven tan bueno.

—Tu joven bueno estaba pisando un terreno que es mío —dijo Satanás—, y por eso me lo llevé.

El único medio seguro para no caer es el de huir de la tentación.

33. EL ESPOSO RICO

Había una modesta empleada en una de las grandes tiendas de Chicago que no podría haber gastado ni cinco dólares, tan pobre era. Sin embargo, al día siguiente, podía entrar a cualquier negocio y comprar por valor de mil dólares. ¿Por qué la diferencia? Se había casado con un hombre rico. Lo había aceptado, y todo lo que él tenía era de ella. Así, nosotros podemos tener todas las riquezas de Cristo, si le recibimos como nuestro Salvador.

34. LAS MALAS COMPAÑÍAS

Un señor tenía un canario que cantaba muy bien. Cuando llegó la primavera pensó que el pobre pajarito necesitaba más aire y sol, así que lo sacó al jardín, colgando la jaula de un árbol. Pronto rodearon la jaula bandadas de gorriones, y el canario comenzó a imitar el poco musical chirrido de sus nuevas amistades. El dueño del pájaro se dio cuenta y llevó de nuevo a la casa al canario. Pero era demasiado tarde. El pajarito había perdido su canto para siempre.

Todos conocemos a cristianos que, hace años, tenían un hermoso testimonio, pero que lo han perdido. Ahora todo lo que hacen es hablar, hablar y hablar. ¿Por qué? Porque han perdido su comunión con Dios, y han perdido su testimonio.

35. EL ORDEN PERFECTO

Hay muchas personas que temen apartarse en cualquier sentido de las prácticas establecidas; temen hacer cualquier cosa que esté fuera de orden. El orden perfecto se encuentra en un cementerio. Hay un orden perfecto donde hay muerte. Donde hay vida encontraremos algunas cosas fuera de orden.

36. EL DEDO EN LA LLAGA

Cuando un hombre se ha fracturado el brazo, el médico tiene que descubrir el sitio exacto en que se encuentra la fractura. Empieza a tocar y a apretar suavemente con los dedos.

—¿Es aquí?

—No, doctor.

—¿Aquí?

—No.

Pero después de un rato el médico toca una parte.

—¡Ay! —dice el enfermo.

Es que ha sido descubierto el lugar afectado, y duele.

Una cosa es escuchar a un predicador que ataca los pecados de los demás. Los hombres escuchan con grandes aplausos, e invitan a otros a escuchar la predicación. Pero tan pronto como el predicador empieza a hablar de los pecados de ellos, diciéndoles como Natán a David: "Tú eres aquel hombre" (2 S. 12:7), ya no les agrada más el sermón. Es que el predicador ha puesto el dedo en la llaga.

37. LOS MISTERIOS DE LA BIBLIA

Cuenta el doctor Talmage que cuando era estudiante, un día estaba molestando a su profesor de Teología con algunas preguntas acerca de los misterios de la Biblia. Por fin el hombre le dijo:

—Señor Talmage, ¿no le parece que debe dejarle a Dios saber algunas cosas que usted no sabe?

38. MANTENTE BIEN CERCA

El doctor Andrés Bonar solía decir que siempre es fácil observar y seguir las pisadas de una persona si andamos muy cerca por detrás de ella, pero que si nos quedamos un poco lejos, resulta más difícil. De la misma manera, si seguimos de cerca al Maestro nos será fácil ver el camino, pero si tratamos de seguirle de lejos, muy difícil nos será conocer cuál sea el sendero de su voluntad.

39. ALGO NUEVO

Muchos hombres creen que la Biblia es un libro viejo que ya pasó a la historia. Dicen que estaba bien para los tiempos remotos y que contiene algunas páginas históricas de interés, pero que no sirve para hoy. Dicen también que vivimos en el siglo de las luces, y hemos adelantado tanto que los hombres pueden andar perfectamente bien sin la Biblia.

Lo mismo sería decir que el sol, que ha brillado tanto tiempo, es ya tan viejo que es una cosa desfasada; o que cuando un hombre construye una casa, ya no debe ponerle ventanas desde que hemos descubierto la luz eléctrica. Yo les aconsejo a quienes piensan que la Biblia es demasiado vieja y que esta fuera de moda, que no pongan ventanas en sus casas. Ya que lo que buscan es lo novedoso, que las alumbren con luz eléctrica.

40. MÁS CERCA DE LO QUE CREÍA

Hace poco leí acerca de un joven que montó su caballo frente a una taberna en la cual había estado bebiendo. Vio que pasaba rumbo a la iglesia del pueblo uno de los diáconos, y le dijo:

—Amigo, ¿puede decirme qué distancia hay al infierno?

El diácono sintió profunda pena al ver que un hombre joven hablara con tanto desprecio de las cosas sagradas, pero siguió caminando, sin decir una palabra. Cuando llegó a la calle de la iglesia vio que una cantidad de gente estaba al lado de un caballo. En el suelo estaba tendido sin vida el joven que instantes antes se había burlado del inferno. Tú también, amigo mío, puedes estar más cerca del juicio de lo que crees.

41. VER EL EVANGELIO

—¿Has oído alguna vez el mensaje del evangelio? —le preguntó un misionero a un chino que visitaba la misión por primera vez.

—No —fue su respuesta—, pero he visto el evangelio. Conozco a un hombre que era el terror del pueblo. Era esclavo del opio y más peligroso que una bestia feroz, pero cambió totalmente. Ahora es bondadoso y suave en el trato, y ha dejado de fumar opio.

42. NO TENÍA VERGÜENZA DE SU SEÑOR

Un joven recién convertido estaba tratando de predicar en una reunión al aire libre. No lo hacía muy bien, y uno de los oyentes le interrumpió diciéndole:

—Vea, joven, usted no sabe predicar. Usted debería tener vergüenza de estar aquí.

—Efectivamente, señor, tengo vergüenza de mi mismo, pero no tengo vergüenza de mi Señor — contestó el muchacho.

Y así debe ser. No tengas vergüenza de Cristo, del Hombre que te compró con su sangre.

43. HAY QUE CALENTAR EL LACRE

Un caballero irlandés me regaló un sello para lacrar. En un lado tiene mis iniciales D. L. M., y en el otro las palabras "Dios es amor". Si yo deseo estampar el texto "Dios es amor" no puedo hacerlo mientras el lacre está duro y frío. Hay personas que van a las reuniones, y resulta tan difícil impresionarlas como si fuesen lacre duro y frío. Pero, cuando calentamos el lacre, inmediatamente se hace la impresión. Si estamos dispuestos, todos nosotros podemos ser sellados para el día de la redención. "En él también vosotros, habiendo oído la palabra de verdad, el evangelio de vuestra salvación, y habiendo creído en él, fuisteis sellados con el Espíritu Santo de la promesa" (Ef. 1:13)".

44. DEMASIADO TARDE

Yo estaba terminando una reunión en nuestra iglesia de Chicago, cuando un joven soldado se puso de pie y rogó a los presentes que aceptaran a Cristo. Nos contó que acababa de llegar de una escena muy triste. Un compañero de regimiento, hijo de cristianos, frente a los ruegos de su buen padre, siempre decía que aceptaría a Cristo cuando terminara la guerra. Por fin fue herido y llevado al hospital, en donde se vio que no había esperanzas de mejoría. Unas cuantas horas antes de su muerte, le llegó una carta de su hermanita, pero ya no tenía fuerzas para leerla. ¡Era una carta tan solemne! Un compañero se la leyó, pero no parecía entender, hasta que llegó a las últimas palabras que decían: "Oh, mi querido hermano, te ruego que cuando recibas la presente, aceptes al Salvador de tu hermanita".

El moribundo se sentó en la cama, y gritó:

—¿Qué dice? ¿Qué dice? —Luego, cayendo pesadamente sobre la almohada, exclamó—: *Es demasiado tarde. Es demasiado tarde.*

Mis queridos amigos: gracias a Dios que no es *demasiado tarde* para ustedes hoy. El Maestro todavía les está llamando. Que todos nosotros, jóvenes y viejos, ricos y pobres, vengamos a Cristo ahora mismo. Él quitará todos nuestros pecados.

45. VALE POR DIEZ MIL SOLDADOS

No nos dejemos llevar por el pesimismo o por las críticas desalentadoras. En el nombre de nuestro capitán, debemos avanzar en la batalla hacia la victoria. Hay algunos generales cuyos nombres valen más que un ejército de diez mil soldados.

Durante la guerra civil en nuestra patria, había algunos cuya presencia llenaba de alegría a todo el ejército. Cuando pasaban por las filas, se los vivaba constantemente. Los hombres sabían quiénes iban a conducirlos, y por ello estaban seguros de vencer.

A los soldados les gusta combatir bajo las

órdenes de generales de esta clase. Animémonos los unos a los otros en el Señor; entonces tendremos el mayor de los éxitos.

46. CON O SIN FUERZA

El doctor A. J. Gordon, de Boston, contaba que en algunas calles de esa ciudad solían verse carteles en las ventanas de las casas desocupadas que decían: "Alquílese con o sin fuerza", refiriéndose a la fuerza eléctrica, gran novedad en esos tiempos. Y agregaba el doctor Gordon que sería bueno preguntar a las personas que se hacen miembros de la iglesia si desean ser miembros "con fuerza" o "sin fuerza". A los que contesten lo segundo, había que decirles que para ellas no hay vacantes en la iglesia, porque ya está demasiado llena de miembros sin fuerza, que no conocen la potencia de Dios.

47. EL DESCUIDO DE UN PADRE

Como padre, me ha impresionado mucho un relato que se ha publicado hace poco en los diarios de los Estados Unidos. Un domingo, un padre salió a pasear al campo con su hijito. Como hacía calor, el hombre se acostó a la sombra de un árbol, y el niñito siguió corriendo y jugando, cortando hermosas flores, que luego llevaba al padre. Por fin este se durmió, y mientras dormía el niñito se alejó de él. Cuando despertó, lo primero que hizo fue buscar a su hijo. Luego de mucho andar, llegó al borde de un precipicio, y mirando hacia abajo, vio entre piedras y zarzas el cuerpo sin vida del niño. Bajó hasta donde estaba, y tomando el pequeño cadáver en sus brazos, llorando, gritaba que él era el asesino, pues mientras dormía, el chico se había caído en el precipicio.

Mientras leí el relato, pensé que es un cuadro de lo que acontece en la iglesia de Dios. ¡Cuántos padres y cuántas madres, cuántos hombres y mujeres están durmiendo, mientras sus hijos van acercándose al terrible precipicio que termina en el infierno! Padres y madres que me escuchan, ¿dónde están sus hijos esta noche?

48. NO HACE FALTA LEERLOS

Muchas personas dicen que es necesario escuchar siempre las dos versiones de un hecho. Pero, si una persona me dirigiera una carta calumniosa acerca de mi mujer, creo que no sería necesario que yo la leyera. La haría mil pedazos y arrojaría los trozos al viento. ¿Es necesario que yo lea todos los libros ateos que se escriben, para conocer los dos lados de la cuestión? ¿Tengo tiempo para leer un libro que calumnia a mi Señor que me ha redimido con su preciosa sangre? Mil veces no. Me niego a tocarlo siquiera.

49. EL TAÑIDO DE LA CAMPANA FÚNEBRE

Recuerdo que en mi pueblo era costumbre, cuando un cortejo fúnebre salía de la iglesia, que la campana sonase tantas veces como años había vivido el muerto. ¡Con qué ansiedad contaba yo los tañidos para ver cuántos años podía yo seguir viviendo! Cuando sonaba setenta y ochenta veces, yo suspiraba aliviado al pensar que me quedaba mucho tiempo. Pero otras veces los tañidos eran muy pocos y entonces el terror se apoderaba de mí, cuando pensaba que yo también podría, dentro de muy poco, ser apresado por aquel monstruo tan temido, la muerte. La muerte y el juicio eran una fuente constante de espanto hasta que llegué a comprender que ninguno de los dos tendrá la menor influencia sobre un hijo de Dios.

50. LLEVA TIEMPO

Imaginémonos que yo enviase a mi hijito de cinco años al colegio mañana por la mañana, y cuando estuviese de vuelta a la tarde le dijese: "Guillermo, ¿sabes leer? ¿Sabes escribir?

¿Conoces la ortografía? ¿Entiendes el álgebra, la geometría, el hebreo, el latín y el griego?".

Sin duda el chico me miraría y me diría: "Pero, papá, ¡qué manera extraña de hablar! He estado todo el día tratando de aprender las letras A, B y C".

Y si yo a eso le respondiera: "Si no has terminado tu aprendizaje, no te envío más al colegio", todos ustedes dirían que estoy completamente loco.

Es así que la gente habla acerca de la Biblia. Aquellos que la han estudiado durante cincuenta años no han llegado a profundizarla. Hay verdades en la Biblia que la Iglesia de Dios ha estado escudriñando durante mil novecientos años, pero ningún hombre ha llegado a agotar esta fuente siempre viva, ni a sondear sus profundidades.

51. PERSIGUIENDO MI SOMBRA

Cuando yo era niño, siempre trataba de adelantarme a la sombra de mi cuerpo. Yo no entendía por qué mi sombra siempre iba adelante. Una vez estaba corriendo cara al sol, y cuando miré hacia atrás vi que mi sombra estaba detrás de mí, y que se mantenía así todo el tiempo.

Así es con el Sol de Justicia. La paz y la alegría irán contigo mientras vayas con el rostro hacia Él, pero quienes dan la espalda al sol están en tinieblas todo el tiempo. Vuélvete a la luz de Dios, y su reflejo brillará en tu corazón.

52. LA COSA MÁS IMPORTANTE

Juan Bacon, que en su tiempo llegó a ser un escultor famoso, hizo que en su tumba de la Abadía de Westminster se colocara la siguiente inscripción: "Mientras yo estaba en vida, me parecía que mi carrera artística era la cosa más importante; pero ahora lo único importante es que yo fui creyente en el Señor Jesucristo".

53. LA PAZ HABÍA SIDO DECLARADA

Cuando Francia e Inglaterra estaban en guerra, un barco ballenero francés estuvo ausente mucho tiempo. Al regresar tenían necesidad de agua y de víveres, pero no se animaban a entrar a un puerto británico por temor de que fuesen apresados. En el puerto hubo quienes se dieron cuenta de las dificultades por las que estaban atravesando, y entonces por medio de señales les hicieron saber que la guerra había terminado. Los marineros no creyeron la buena noticia, pero al fin impulsados por el hambre y la sed decidieron entrar al puerto y entregarse como prisioneros si fuese necesario. Cuando entraron, descubrieron que lo que se les había dicho era verdad. La guerra había terminado y reinaba la paz.

Hay muchas personas que no creen las buenas nuevas de que la paz entre Dios y los hombres ha sido hecha por Jesucristo y, sin embargo, es una gran verdad.

54. CRISTO PARA TODOS

Una viejita en el país de Gales decía que Cristo era de nacionalidad galesa. Un inglés que la escuchó le dijo:

—No, señora, Jesús fue judío.

Pero la viejita siguió asegurando que era galés, porque cuando ella le hablaba al Señor, Él siempre la entendía.

55. OBRA SEGÚN TU CREENCIA

Cuando Abraham Lincoln firmó la Proclamación de Emancipación, la cual anunciaba la liberación de los esclavos, ejemplares del documento fueron enviados a todas partes. Supongamos que un esclavo hubiese visto ese documento y se hubiera enterado del contenido. Es posible que hubiese conocido el hecho, estado de acuerdo con la justicia del mismo y, sin embargo, que hubiese seguido sirviendo a su viejo amo. En este caso, su fe en el documento de nada le hubiese valido.

Así sucede con nosotros. Un mero conocimiento de los hechos históricos de la vida de Cristo, o un simple asentimiento intelectual a sus enseñanzas y a su misión, no servirán de nada en la vida de un hombre, si no agrega además una rendición llena de confianza al amor del Señor.

56. TENGAN FE

Un hombre me dijo que había predicado muchos años sin obtener ningún resultado. Solía decirle a su esposa mientras iban a la iglesia, que él sabía que la gente no creía nada de lo que él les decía, y naturalmente no había bendición. Por fin el hombre se dio cuenta de su error. Le pidió a Dios que le ayudase, trabajó animosamente, y comenzó a llegar la bendición.

"Conforme a vuestra fe os sea hecho" (Mt. 9:29). Este hombre no había esperado nada, y por ello no obtuvo nada.

Amigos queridos, esperemos que Dios nos utilice. Tengamos ánimo y vayamos hacia adelante, esperando grandes cosas en Él.

57. UN BUEN SAMARITANO

Recuerdo el primer buen samaritano que conocí. Yo solo había estado en este mundo tres o cuatro años, cuando mi padre falleció en la miseria. Entonces, los acreedores vinieron y se llevaron todo lo que teníamos.

Mi madre viuda tenía una vaca y algunas cositas más, y era una terrible lucha evitar que el hambre llamara a nuestra puerta.

Mi hermano fue a Greenfield y se empleó en un negocio, asistiendo de noche al colegio. Se sentía tan solo que quería llevarme a mí, pero yo no quería salir de mi casa. Un día frío de noviembre, mi hermano vino y nos dijo que tenía un empleo para mí. Esa noche se me hizo muy larga, pues yo no tenía ninguna gana de alejarme del hogar materno.

A la mañana salimos. Llegamos hasta lo más alto del camino y nos detuvimos para mirar a la vieja casa. Nos sentamos y lloramos. Yo creía que iba a ser la última vez que vería el viejo hogar. Lloré todo el camino hasta llegar a Greenfield. Allí mi hermano me presentó a un hombre que era tan viejo que ya no podía ordeñar las vacas ni hacer los trabajos de la granja. Yo debía ayudarle e ir a la escuela. El hombre me pareció de carácter muy agrio. Miré a la viejita, que tenía un aspecto más agrio todavía. Me quedé una hora que me pareció una semana. Entonces fui a ver a mi hermano y le dije que me iba de vuelta a casa.

—¿Para qué quieres volver a casa?

—Porque me siento triste y enfermo.

—Se te pasará dentro de unos días.

—No se me va a pasar nunca. Quiero irme a casa.

Entonces mi hermano me dijo que ya era de noche y que me perdería si salía a esa hora.

Yo me asusté y le dije que dejaría la partida para el día siguiente.

Entonces me llevó a ver la vidriera de un negocio, donde había cortaplumas y otras cosas interesantes, y trató así de entretenerme.

Pero ¿qué me importaban a mí los cortaplumas? Yo quería volver a casa con mi madre y mis hermanos. Parecía que me estallaba el corazón.

Por fin me dijo mi hermano:

—Dwight, allí viene un hombre que te va a dar una moneda.

—¿Cómo sabes que me la va a dar?

—Porque a todos los chicos recién llegados al pueblo, les da una.

Me sequé las lágrimas, pues no quería que el viejito me viera llorando, y me puse en medio de la vereda para que me viese bien. Recuerdo cómo me miró mientras venía caminando dificultosamente. ¡Qué rostro tan alegre tenía! Cuando llegó hasta donde yo estaba, me quitó el sombrero, me puso la mano en el hombro, y le dijo a mi hermano:

—Es un muchacho recién llegado, ¿verdad?

—Si señor; llegó hoy.

Entonces comencé a observarlo para ver si me daba la moneda. Pero comenzó a hablar y lo hizo con tal bondad que me olvidé de ella.

Me habló del único Hijo de Dios, enviado al mundo, y de cómo los hombres malvados lo mataron. Me dijo que murió por mí. Solo me habló durante algunos minutos, pero me cautivó completamente.

Después de este pequeño sermón, metió la mano en el bolsillo y sacó una moneda de cobre, nuevecita, una moneda que parecía de oro. Me la dio y nunca sé qué suerte corrió esa moneda. Siempre lamento no haberla conservado. Pero hasta el día de hoy me parece sentir la mano del viejito sobre mi cabeza. Han pasado cincuenta años y todavía puedo oír sus palabras llenas de dulzura.

Esa moneda me ha costado muchos dólares. Nunca he podido andar por las calles de este país y de otros, sin meter la mano en el bolsillo y sacar monedas para todos los chicos pobres que encuentro por el camino. Pienso en la manera en que el anciano me quitó una carga a mí y quiero ayudar a quitar las cargas a los demás.

¿Quieres parecerte a Cristo? Ve y busca a alguien que haya caído, abrázalo y levántalo hacia el cielo. El Señor te ha de bendecir en el mismo instante. Que Dios nos ayude a ser y a hacer como el buen samaritano.

58. NO LE GUSTABA EL TEMA

Durante el periodo de la esclavitud, un esclavo predicaba con mucho poder. El amo se enteró, y entonces le dijo:

—Mira, me dicen que estás predicando. Te daré todo el tiempo que te haga falta, pero quiero que prepares un sermón sobre el mandamiento "no hurtarás", pues actualmente hay muchos ladrones en la plantación.

El esclavo se puso triste. Dijo que no le gustaba el tema y que no podía hablar con elocuencia sobre él como sobre los demás.

He notado que nuestros auditorios están muy satisfechos cuando predicamos acerca de los pecados de los patriarcas, pero que no les gusta nada cuando empezamos a hablar acerca de los pecados de hoy en día.

59. DIOS NO HA MUERTO

Se cuenta que Federico Douglass, el gran orador negro, pronunció en cierta ocasión un lúgubre discurso en los días en que las cosas parecían andar mal para los de su raza. Dijo:

—Tenemos en contra al hombre blanco. Tenemos en contra a los gobiernos. Tenemos en contra al espíritu de la época. No veo esperanza alguna para la raza negra. Estoy agobiado por la tristeza.

En eso se levantó una anciana que estaba en el auditorio y dijo:

—Federico, ¿ha muerto Dios?

Muchos creyentes jóvenes se sienten descorazonados cuando empiezan la lucha cristiana. Comienzan a creer que Dios les ha abandonado y que el cristianismo no es todo lo que profesa ser. Pero estas cosas deben más bien considerarlas como señales alentadoras. Tan pronto como un alma haya escapado de la trampa del maligno, este procura apoderarse de ella nuevamente. Hace un despliegue de todas sus fuerzas para capturar la presa perdida. Los ataques más vigorosos son los que se libran contra las fortalezas más potentes. Cuanto más fiera sea la batalla que deba librar el joven cristiano, más ha de ser prueba de que el Espíritu Santo ha obrado en su corazón. Dios no ha de desampararlo en su hora de necesidad.

60. LE COSTÓ EL ALMA

—¿Qué vale esa propiedad? —preguntó un caballero a otro, mientras pasaban por delante de una hermosa casa de campo rodeada de jardines.

—No sé en cuánto está tasada; pero sé lo que le costó a su antiguo propietario.

—¿Cuánto le costó?

—Le costó el alma.

61. POCO DURAN LAS GLORIAS TERRENALES

Hace algunos años estuve en París para visitar la Gran Exposición. Napoleón III estaba en su apogeo. Cuando pasaba por las calles de la ciudad era ovacionado por el pueblo. Unos años más tarde, cayó de su elevado trono. Murió exilado de su país y de su trono, y ¿quién se acuerda hoy de él? Pocos lo recuerdan y, si su nombre es mencionado, no lo es ni con amor ni con estima.

¡Cuán vacíos y breves son la gloria y el orgullo de este mundo! Si somos sabios, hemos de vivir para Dios y para la eternidad. Hemos de esforzarnos al máximo y no nos han de importar en absoluto el honor y la gloria de este mundo.

62. EL RETO DE LA ATEA ALEMANA

Me dicen que en la ciudad alemana de Hanover está el sepulcro de una condesa que negaba la existencia de Dios y se reía de la sola idea de la resurrección. Para indicar cuál era su desprecio por el cristianismo, ordenó que a su muerte se hiciera su tumba de sólida mampostería cubierta de grandes piedras unidas por gruesas grampas de acero. Sobre esta tumba se grabaron palabras de desafío que decían que en toda la eternidad no sería abierta.

Un día una semilla cayó en una de las grietas del sepulcro y pronto comenzó a crecer una plantita. Luego, como si la naturaleza se hubiese querido reír de la orgullosa atea, poco a poco las raíces fueron penetrando por debajo de los sólidos bloques de piedra, levantándolos y sacándolos de su lugar. Aunque apenas han pasado algunas generaciones desde que el sepulcro fue sellado, una semilla insignificante ha hecho aquello que en un desafío la atea exigió que Dios hiciera.

63. UN TEMPLO DEL ESPÍRITU SANTO

Hace algunos años llevaban al cementerio a un anciano santo, muy pobre como muchos de los hijos de Dios, pobre en las cosas de este mundo, pero rico en las del otro. Iban rápidamente y con torpeza, tratando de desocuparse lo más pronto posible. Un viejo predicador, que oficiaba en el entierro, les dijo:

—Vayan despacio y con respeto, que ustedes están llevando un templo del Espíritu Santo.

Cuando ves a un cristiano, ves un templo del Espíritu Santo.

64. LA OPINIÓN DE POLIBIO

Polibio dice que aunque el hombre es considerado como el más sabio de todos los seres, a él le parece el más necio. Cuando un animal ha sufrido, se cuida de no volver al lugar en donde tuvo el sufrimiento. El zorro no vuelve a la trampa, ni el lobo tampoco. Pero el hombre vuelve a los mismos pecados, y no acepta las palabras de advertencia hasta que está completamente arruinado.

65. DIFERENTES MANERAS DE CANTAR

Hace muchos años estuve en un pueblo del norte de Escocia, en el que solamente cantaban los Salmos. Tenían una iglesia en la que cabía todo el pueblo de unas dos mil quinientas almas, y creo que jamás he oído cantar tan bien el Salmo 23, "Jehová es mi pastor", como en esa ocasión. Era realmente maravilloso. Terminé de predicar, y dije:

—¿Cuántos de los que cantaron este salmo lo hicieron de corazón? Me gustaría que todos los que lo hicieron de corazón se pusieran de pie y lo cantaran de nuevo.

Nunca he oído cantar tan mal. No creo que fueran más de cincuenta las personas que se pusieron de pie. Una cosa es cantar "Jehová es mi pastor", y otra cosa es creerlo. ¿Es realmente Jehová *tu* pastor?

66. UNA BUENA DEFINICIÓN

A un humilde trabajador se le preguntó qué medios usaba para seguir caminando en sendas de obediencia. Contestó:

—Fui al Salvador, me recibió, y nunca le dije "Adiós".

67. LA FE

Cuando yo era niño y la nieve de las colinas de la Nueva Inglaterra se había derretido en la primavera, yo solía tomar una lupa y dejaba pasar por ella los rayos del sol para prender fuego a algunas plantas.

La fe es la lupa que trae el fuego de Dios del cielo. Fue la fe que trajo el fuego de Dios sobre el Monte Carmelo. Hoy tenemos la misma fe y el mismo Dios. Algunos parecen creer que la fe envejece y que la Biblia se está gastando. Pero el Señor ha de avivar su obra ahora mismo. Podemos incendiar al mundo si cada creyente tiene una fe fuerte y sencilla.

68. EL ÁGUILA ENVIDIOSA

Había dos águilas. Una de ellas podía volar más alto que su compañera, y a esta eso no le gustaba nada. Entonces la menos capaz habló un día con un tirador y le pidió que derribara a su rival. El tirador le dijo que lo haría si tuviese plumas adecuadas para sus flechas. Entonces el águila arrancó dos plumas de sus alas y se las entregó. El cazador disparó sus flechas, pero no alcanzaron al águila, que volaba demasiado alto. La compañera envidiosa siguió arrancándose las plumas hasta que al fin se sacó tantas que no pudo volar, y el cazador la mató. Mi amigo, si sufres de envidia, la única persona a quien harás daño es a ti mismo.

69. SOLO LAS OVEJAS ENFERMAS LE SEGUÍAN

Un amigo mío que estaba viajando por el oriente supo que había en cierta localidad un pastor que todavía seguía la vieja costumbre de llamar a sus ovejas por nombre. Fue a verle y le dijo:

—Déjeme que me vista con sus ropas y que lleve su cayado, y entonces llamaré a las ovejas para ver si me siguen.

Después de disfrazarse con la ropa del pastor, comenzó a llamar por nombre a las ovejas, pero todas comenzaron a huir. Entonces le preguntó al pastor:

—¿No habrá ninguna que me siga?

A lo que el hombre contestó:

—Si señor, algunas de ellas lo seguirán. Las ovejas enfermas lo siguen a cualquiera.

70. EL CIEGO Y LA LINTERNA

Un ciego estaba sentado en una esquina de una gran ciudad con una linterna a su lado. Un curioso se le acercó y le preguntó para qué llevaba la linterna si era ciego y no la veía. El ciego contestó:

—La llevo para que nadie tropiece contra mí.

Pensemos un momento, amigos míos. Mientras un hombre lee la Biblia, diez te leen a ti o me leen a mí. Eso es lo que quiso decir Pablo cuando afirmó que éramos epístolas vivientes. Poco valen los sermones si no predicamos a Cristo con nuestras vidas. Si no recomendamos el evangelio por nuestra manera santa de andar, no vamos a ganar a nadie para Cristo.

71. ESTÁN ORGULLOSOS DE SUS RELIGIONES FALSAS

No creo que exista ninguna religión falsa de la cual no estén orgullosos sus seguidores. La única religión de la cual a veces los hombres tienen vergüenza, es la religión de Jesucristo.

Hace poco prediqué durante dos semanas en la ciudad de Salt Lake, sede central de los mormones, y encontré que todos estaban orgullosos de su religión. Cuando iba llegando a la ciudad, el maquinista vino a buscarme en el tren y me invitó a que le acompañara en la locomotora. Accedí, y en ese viaje de setenta kilómetros me habló todo el tiempo acerca del mormonismo. Trató de convertirme a fin de que no predicara en contra de su religión.

Nunca he conocido a un chino que no estuviese orgulloso de ser discípulo de Confucio, ni a un musulmán que no estuviese orgulloso de ser seguidor de Mahoma. Pero ¡cuántas veces he visto hombres avergonzarse de la religión de Jesucristo, la única religión que al hombre le da poder de vencer sus pasiones y pecados! Si hubiese alguna puertita trasera por la cual pudiesen los hombres entrar al cielo, muchos tratarían de utilizarla, pues no les agrada tener que hacer una confesión pública de su fe.

72. DEMASIADO GENEROSOS

Un pastor negro dijo en cierta ocasión que muchos de los miembros de su congregación se perderían por ser demasiado generosos. Cuando vio que sus palabras causaban sorpresa, las explicó como sigue:

—No me equivoco. Algunos de ustedes se perderán por ser demasiado generosos. Escuchan sermones que hablan a sus almas, pero ustedes generosamente los obsequian a otros, aplicando sus mensajes a las almas de terceros.

Y es verdad. Hay muchas personas que escuchan para los que están sentados detrás de ellos. Dicen que el mensaje es muy bueno para don Fulano. Y se van pasando el sermón de uno a otro, hasta que desaparece.

73. ¿TIJERAS O NARANJAS?

Un día mi esposa estuvo de visita en una casa en la cual un niño había perdido un ojo mientras jugaba con un cuchillo. Desde entonces empezamos a cuidar mucho a nuestro hijito, que tenía dos años. No le dejábamos jugar con las tijeras ni con otras cosas cortantes, pero como todo niño, trataba de apoderarse de ellas con frecuencia. Un día tomó las tijeras, y su hermana, viéndolo, trató de quitárselas sin éxito. Pero recordó que en la otra habitación había algunas naranjas y entonces llevándole una le dijo:

—Guillermo, ¿quieres una naranja?

El chico dejó caer inmediatamente las tijeras y corrió para tomar la naranja.

A veces Dios nos quita las tijeras, pero nos da una naranja. Pon tus dos pies en el sendero estrecho que lleva a la vida y a la alegría. Los senderos de Dios son senderos de paz. Él es el camino de victoria y de paz. En Él no hay tinieblas; todo es luz.

74. FE MAL DIRIGIDA

Cuántas veces oímos que alguien dice: "Hay un miembro de la iglesia que me estafó en cinco dólares, y por ello no quiero más trato con gente que dice ser cristiana".

Si el hombre tuviese realmente fe en el Señor Jesucristo, es muy difícil que esa fe la perdiera porque alguien le robara cinco dólares. ¿No les parece? Lo que precisamos es tener fe en el Señor. Cuando el hombre la tiene, posee un ancla firme que ha de sostenerlo en la hora de tentación y de prueba. Si solo tenemos fe en los hombres, por cierto que sufriremos grandes desilusiones.

75. LA DIFERENCIA

Un hombre me preguntó, hace un tiempo:

—¿Cómo explica usted el hecho de que Mahoma comenzara su labor seiscientos años después de Cristo y que ahora haya más mahometanos que cristianos?

Le contesté:

—Un hombre puede ser discípulo de Mahoma sin tener que negarse, sin tener que llevar ninguna cruz. Puede vivir en el pecado más negro e inmundo. Pero si un hombre quiere ser discípulo de Jesucristo, debe dejar el mundo, tomar su cruz y seguir al Señor.

76. CUBRIERON EL RELOJ DE SOL

Phillips Brooks cuenta de unos salvajes a quienes se les dio un reloj de sol. Tan deseosos estaban de rendirle el homenaje debido a este objeto novedoso, que edificaron una choza especial para guardarlo en ella. El resultado naturalmente fue que el reloj no prestaba ninguna utilidad.

¿Tienes tanta reverencia por tu fe en Dios que la pones a un lado cuidadosamente, considerándola demasiado sagrada para ser usada todos los días? Deja que Dios entre en tu vida. Deja que tu fe te inspire a hacer buenas obras.

77. EL ESPÍRITU DE DAVID LIVINGSTONE

El profesor Drummond cuenta que en África conoció a algunos nativos que se acordaban de David Livingstone. No entendían una sola de sus palabras, pero reconocieron en el gran misionero el lenguaje universal del amor. Hacía muchos años que no tenían contacto alguno con los cristianos, pero recordaban la personalidad bondadosa de Livingstone.

Es este mismo mensaje universal del amor, amor divino, amor parecido al de Cristo, que debemos poseer si queremos que el Señor nos utilice. El mundo poco entiende de dogmas o de teología, pero entiende la simpatía y el amor. Una acción bondadosa puede ser más potente y tener mayor alcance que el más elocuente de los sermones.

78. DOS MANERAS DE UNIRSE

Hay dos maneras en que es posible unir las cosas. Una es por medio de la congelación y la otra, por medio de la fusión por calor. Lo que precisamos los cristianos es estar unidos por el amor fraternal. Entonces sí que podemos esperar que haya poder.

79. DIOS ES AMOR EN TODOS LOS VIENTOS

Spurgeon estuvo en cierta ocasión visitando a un amigo en el campo. Vio que sobre uno de los graneros había colocado una veleta con la inscripción "Dios es amor".

Entonces le preguntó si con ese texto quería decir que el amor de Dios era tan cambiante como el viento. El hombre le respondió que no. Lo que quería decir era que Dios es amor siempre, no importa de dónde soplen los vientos.

80. LOS CONOCEREMOS

Me contaron acerca de una niña que había perdido a la madre en su más tierna infancia. No se acordaba de ella y ni siquiera conservaba una fotografía. Siendo ya mayor se enfermó gravemente y, estando moribunda, se le iluminó el rostro. Parecía que veía a la madre y exclamó: "¡Oh! ¡Mamá!".

Creo que cuando yo vea a mi Señor, lo conoceré. Pienso que cuando vea a Moisés y a los profetas, a los patriarcas y a los apóstoles, los reconoceré. ¿Me preguntan ustedes cómo? No lo sé.

81. ES NECESARIO ALENTAR A LOS DEMÁS

Si no podemos estar personalmente en la batalla, no debemos desalentar a los que están combatiendo.

Un jefe de uno de los clanes escoceses cayó herido en la batalla de Sheriff-Muir. Cuando sus soldados vieron caer al jefe, vacilaron un momento, dando una gran ventaja por ello al enemigo. El viejo caudillo, al ver lo que sucedía, se incorporó y, aunque la sangre manaba de sus heridas, gritó:

—No estoy muerto, hijos míos. Los estoy mirando y espero que cada uno cumpla con su deber.

Estas palabras sirvieron de estímulo a los soldados, llevándolos a hacer esfuerzos casi sobrehumanos.

Así, cuando nuestras fuerzas flaquean y nuestros corazones están apesadumbrados, el Capitán nos dice: "He aquí yo estoy con vosotros todos los días, hasta el fin el mundo" (Mt. 28:20).

82. EL ENTUSIASMO DE GARIBALDI

No estoy de acuerdo con muchas de las ideas de Garibaldi, pero siempre admiré su entusiasmo. Recuerdo haber leído que cuando iba hacia Roma, en 1867, fue encarcelado. Les escribió a sus compañeros lo siguiente:

"Aunque cincuenta Garibaldis sean arrojados a la cárcel, Roma deberá ser liberada".

No le interesaba su comodidad personal, con tal que su patria fuese libertada. Si nosotros tenemos un amor parecido por nuestro Señor y por su causa, Él nos usará poderosamente en la edificación de su reino.

83. EL AMOR DE DIOS

Entre las víctimas de la Comuna de París estaba un obispo católico romano. Era un hombre que conocía en su propia experiencia algo del amor de Dios. En la pequeña celda en que lo encerraron había una ventanita en forma de cruz. Después de su muerte encontraron que había escrito en la parte de arriba la palabra "altura"; al pie, "profundidad"; y al lado de cada brazo de la cruz, las palabras "anchura" y "longitud". Había aprendido que el amor de Dios está presente en la hora de la adversidad y de la muerte.

84. AL PAN, PAN

Una señora me dijo una vez:

—Me he acostumbrado a exagerar tanto las cosas, que no sé qué hacer. ¿Puede usted ayudarme?

Entonces le dije:

—La próxima vez que usted mienta de esa manera, vaya inmediatamente después a la persona a quien ha mentido y confiese su pecado. Eso es lo que tiene que hacer.

—Es que no me gusta que usted la llame mentira a mi exageración.

Pero mentira era. Si tu cristianismo no hace que cambie tu carácter, no vale absolutamente nada.

85. LA MOSCA Y EL ELEFANTE

Alguien ha dicho que la pequeña mosca estaba tan bien protegida del diluvio en el arca de Noé como el enorme elefante. No era el gran tamaño del elefante lo que lo salvó. Era el arca que protegía a los dos animales.

No es tu justicia propia, ni son tus buenas obras las que te han de salvar. Rico o pobre, sabio o ignorante, solo serás salvo por la sangre de Cristo.

86. UNA SOLA RESPUESTA

Si Dios echó a Adán del paraíso terrenal por un solo pecado, ¿creen ustedes que nos dejará entrar en el cielo con miles y miles de pecados sobre nosotros?

87. EL MUNDO TE DEJARÁ A TI

Un hombre me dijo hace un tiempo:

—Señor Moody, ahora que me he convertido, ¿tendré que dejar el mundo?

—De ninguna manera —le contesté—. Usted no tiene que dejar el mundo. Pero si su testimonio cristiano es bien claro, el mundo lo va a dejar a usted, y muy pronto.

88. UN POCO TODOS LOS DÍAS

De la misma manera que es imposible que un hombre coma lo suficiente en un día para que le dure seis meses, es imposible que un hombre reciba en un día suficiente gracia para el futuro. Debemos ir extrayendo día tras día de la fuente inagotable de gracia que Dios nos da, a medida que nos haga falta.

89. OTRA CLASE DE PERDÓN

Durante la guerra, un muchacho de Pensilvania fue condenado a muerte. Esperaba ser indultado, y los diarios afirmaban que lo sería por el gobernador Curtin. Un día el gobernador se encontró con el conocido filántropo George H. Stuart, y le dijo:

—Usted conoce a este muchacho que ha sido condenado a muerte. El pobre cree que yo lo voy a indultar. No puedo hacerlo, y le ruego a usted que vaya y se lo diga.

El señor Stuart me contó más tarde que era la cosa más difícil que había tenido que hacer en su vida, pero era necesario hacerla. Cuando entró a la celda, el muchacho le dijo:

—Ah, señor Stuart, usted es un buen hombre. Sé que me trae el indulto.

El visitante no sabía qué decir, pero al fin le dijo la verdad. El muchacho cayó desmayado, pero más adelante pudo escuchar un mensaje acerca del Señor, en quien es posible encontrar un perdón verdadero.

90. LO ETERNO SEGÚN LOS PIELES ROJAS

¡La vida eterna, vida sin fin! El gobierno de Estados Unidos estaba tratando de concertar un acuerdo con los indios pieles rojas, y en una parte del documento había escrito las palabras "para siempre". A los indios no les gustaba la expresión, y la cambiaron por la siguiente: "Mientras corra el agua y crezca el pasto". Era algo que ellos podían entender. "La paga del pecado es muerte, mas la dádiva de Dios es vida eterna" (Ro. 6:23).

91. CUANDO EN EL CIELO PASEN LISTA

Un soldado que fue herido durante la última guerra estaba moribundo es su catre de campaña. De repente, el profundo silencio de la noche fue roto por la exclamación "¡Presente! ¡Presente!", de labios del joven moribundo.

Algunos amigos se acercaron para ver qué deseaba.

—Escuchen —dijo—. Están pasando lista en el cielo. Unos minutos más tarde, pasó a la presencia del Rey.

92. UN ELOGIO A SATANÁS

Un niño le dijo una vez a su madre:

—Mamá, tú nunca hablas mal de nadie. Hasta serías capaz de hablar bien de Satanás.

—Bueno, hijo, bien podríamos imitar su perseverancia.

93. LA MAYOR NECESIDAD

¿Qué necesita el hombre hambriento? ¿Dinero? En absoluto. ¿Fama? Tampoco. ¿Buena ropa? Menos. Lo que necesita es *alimento*. ¿Qué necesita un hombre sediento? ¿Acciones en el mercado de valores? No. Necesita *agua*. Y cuando obramos con sinceridad y decisión, y necesitamos el pan del cielo y el agua de la vida, no debemos detenernos hasta conseguirlos.

94. LOS PECADORES EN BANCARROTA ESCASEAN

Muy pocas personas creen que están completamente perdidas. Pocas veces se encuentra uno con un pecador que está en bancarrota. La mayoría de ellos creen que pueden pagar setenta y cinco céntimos por dólar; otros, que pueden pagar noventa y nueve céntimos. Creen que si les falta un poquito, el Todopoderoso entregará el total de alguna manera.

No permitas que Satanás te engañe haciéndote creer que eres tan bueno que no precisas de la gracia de Dios. Somos malos, muy malos, todos los hombres.

95. LA MEMORIA

Hay un hombre en la cárcel. Hace cinco años que está allí. Pregúntale qué es lo que hace que su encarcelamiento sea tan terrible. Pregúntale si son las gruesas paredes o las puertas de hierro. Pregúntale si son los trabajos forzados. Te responderá que no. Te dirá que lo que hace que la cárcel sea tan terrible es la memoria, los recuerdos. Y creo que si bajáramos al infierno, encontraríamos que lo que allí es más terrible son los recuerdos que tienen las almas perdidas, que una vez escucharon el evangelio, que tuvieron la oportunidad de ser salvas, y que rechazaron a Cristo.

96. HAZ EL BIEN HOY

Había un señor que siempre le decía a su sirviente que iba a acordarse de él en el testamento. El sirviente estaba muy contento, pues creía que algún día recibiría una herencia. Cuando murió el patrón, los deudos encontraron que, según el testamento, el sirviente, cuando falleciera, tendría el honor de ser sepultado en el panteón familiar. Eso era todo. El pobre hombre hubiese estado mucho más conforme con diez dólares en vida.

Si deseas hacer el bien a alguna persona, hazlo hoy. Ahora es el momento de obrar.

97. LA CRÍTICA DE LOS SERMONES

A menudo un hombre oye cien cosas buenas en un sermón y una cosa con la cual no está de acuerdo. Entonces va a su casa y se sienta con su familia y no habla más que de esa sola cosa, exagerándola, sin mencionar las cien con las que estaba de acuerdo. Así es la gente que critica.

98. EL BOTE ESTABA ANCLADO

Dos hombres, ambos ebrios, salieron de la taberna y subieron al bote que debía llevarlos al otro lado de la bahía. Se sentaron y comenzaron a remar. Trabajaron toda la noche, y no podían comprender por qué no llegaban nunca al otro lado. Cuando amaneció, descubrieron que el bote estaba anclado. Se habían olvidado de levar el ancla.

Así pasa con muchos que están esforzándose para entrar en el reino de los cielos. No pueden creer, porque están anclados a este mundo. ¡Corta el cable! ¡Confiesa y abandona tus pecados! ¡Líbrate del peso de las cosas terrenas, y pronto te elevarás rumbo al cielo!

99. UNA BUENA ILUSTRACIÓN DE LA FE

El comportamiento de un niño nos proporciona una buena ilustración de lo que es la fe. Sopla un viento fuerte, que le saca el sombrero al niño y lo lleva al río. El chico no se aflige, pues sabe que su mamá le comprará otro. La criatura vive por fe.

100. IDEAS RARAS ACERCA DEL ARREPENTIMIENTO

Los no convertidos tienen ideas falsas acerca del arrepentimiento. Creen que Dios les va a obligar a que se arrepientan. Yo estaba conversando con un hombre sobre este tema, y me dijo:

—Vea, Moody, hasta ahora no me ha tocado.

—¿Qué es lo que no le ha tocado?

—Bueno, a algunos los toca y a otros no. En mi pueblo hubo mucho interés hace algunos años. La conversión les llegó a algunos de mis vecinos, pero no me tocó a mí.

El hombre creía que el arrepentimiento iba a bajar algún día del cielo como un rayo, y que iba a tocarlo.

Otro hombre me dijo que esperaba tener alguna sensación extraña, como escalofríos, por ejemplo.

El arrepentimiento no es cuestión de sensación. Es volverse de los pecados a Dios. Una de las mejores definiciones la dio un soldado. Cuando se le preguntó cómo se había convertido contestó:

—El Señor me dijo: "Alto. Atención. Media vuelta a la derecha. Marche". Y eso fue todo.

101. LO QUE VALE EL ESTUSIASMO

Hay quienes le tienen mucho temor al entusiasmo. Tan pronto como un hombre comienza a demostrar entusiasmo, le gritan:

—¡Celo sin ciencia!

Yo prefiero mil veces un celo sin ciencia a una ciencia sin celo.

102. LA BIBLIA COMO UN ÁLBUM DE FOTOGRAFÍAS

La Biblia es como un álbum de fotografías. Voy a la casa de un amigo y, mientras lo espero, comienzo a hojear su álbum. Voy dando vuelta a las hojas, y encuentro gente que conozco, y gente que se parece mucho a mis vecinos y amigos.

Si leemos la Biblia, encontraremos en ella nuestros retratos. Mi amigo, quizás seas un fariseo. Si es así, mira lo que dice el Evangelio de Juan, capítulo 3. Pero tal vez no seas un fariseo. Quizás pienses que eres un pecador demasiado malo para llegar a Cristo. Lee lo que dice la Biblia acerca de la mujer samaritana, y cree en las palabras que el Señor le dijo a ella.

103. BUSCABAN COSAS DISTINTAS

Se encontraron en un banquete un misionero y un comerciante. Ambos habían vivido muchos años en la India. El comerciante, escéptico, dijo en tono burlón:

—Se oye hablar más en Londres que en la India de la obra misionera. Yo he estado veinte años en la India y jamás he conocido un solo nativo convertido.

Los demás comensales esperaban que el misionero dijese algo. Volviéndose hacia el comerciante preguntó:

—¿Vio usted alguna vez un tigre en la India?

—Sí, he visto muchos y he cazado varios.

—¡Qué raro! —dijo el misionero—. Yo he estado en la India veinte años y jamás he visto un tigre.

104. SANTIFICAR EL DÍA DEL SEÑOR

Hace poco se presentó un proyecto ante la legislatura de Nueva York, según el cual se autorizaría la apertura de los teatros los domingos. Me dirigí a uno de los más destacados políticos y le dije que esperaba que se opusiera al citado proyecto. Me contestó:

—De ninguna manera. Yo estoy completamente de acuerdo. Es lo que precisamos. Voy a misa los domingos temprano, y creo que el Señor desea que tengamos el resto del día para nuestras diversiones.

¡Servía al Dios de los hebreos por la mañana,

y a Baal por la tarde! Una de las mayores desgracias de este siglo es la existencia de gente que quiere tener dos altares, uno para Baal y otro para Jehová. No se puede. Tiene que haber una separación. Hace falta un avivamiento.

105. JESÚS NO PREDICÓ SERMONES FÚNEBRES

Cuando yo era joven, se me pidió que predicara un sermón fúnebre en Chicago. Vi que sería una buena oportunidad para predicar el evangelio, y me puse a buscar en la Biblia los sermones fúnebres predicados por Jesús. Revisé los cuatro Evangelios, pero no encontré ninguno. Descubrí que Jesús hizo suspender todos los entierros a los que asistió. La muerte no podía existir donde Él estaba. Cuando los muertos escuchaban su voz, resucitaban.

106. LA MUERTE DE D. L. MOODY

Si alguna vez te dicen que D. L. Moody ha muerto, no lo creas. Ha subido más arriba, eso es todo. Ha dejado esta vieja casa de barro, para entrar a una casa inmortal, un cuerpo que no puede ser afectado por la muerte ni contaminado por el pecado, un cuerpo hecho a la imagen del glorioso cuerpo del Señor.

107. LA SINCERIDAD NO BASTA

Actualmente hay mucha gente que cree que no importa cuáles sean las creencias de una persona, con tal que sea sincera. Esta es una de las mayores mentiras del infierno.

Supongamos que yo me dirija a un banco y presente un cheque por diez mil dólares. El cajero me pregunta si tengo fondos y yo le respondo que no los tengo ni en ese banco ni en ningún otro. Cuando me pregunta sobre qué base quiero cobrar el cheque, le contesto que debido a mi sinceridad. Y después le agrego: "No hay en toda la provincia un hombre más sincero que D. L. Moody".

¿No opinarías que es cosa de locos? ¡Y sin embargo dices que no importa cuáles son las creencias y que basta la sinceridad!

108. CRISTIANOS QUE NADAN EN DOS AGUAS

Durante la Guerra Civil Estadounidense, los estados situados en la frontera fueron los que más sufrieron. Había muchas personas que trataban de quedar bien con ambos bandos. Tenían las dos banderas y, de acuerdo con la situación del momento, izaban una u otra, y daban vivas a uno u otro ejército. ¿Sabes lo que les sucedió? Fueron despreciados por ambos ejércitos, y sus casas fueron arrasadas.

Entre los cristianos, la gente más despreciable es aquella que se parece a estos habitantes de la frontera. Tratan de vivir para dos mundos distintos, y nunca se sabe dónde están.

109. EL PRINCIPIO DE LA SABIDURÍA

Muchas de nuestras universidades ya han dejado por completo las enseñanzas del viejo Libro, y quieren obtener sabiduría sin la Palabra de Dios, sin el pensamiento de Dios y sin ningún conocimiento de Dios. Nunca ha habido tanto conocimiento científico como ahora. Vivimos en una época de grandes maravillas. Un muchacho de dieciséis años sabe más hoy que un sabio de hace un siglo. Tiene mayores ventajas, pero esto no quiere decir que la justicia vaya en aumento. Tengamos mucho cuidado.

110. CÓMO SABER SI ERES CRISTIANO

¿Cómo vas a saber si eres cristiano? No ha de ser porque seas católico o protestante, o porque sigas algún credo humano. Es necesario algo mejor que eso. ¿Qué dijo nuestro Señor? "En esto conocerán todos que sois mis discípulos, si tuviereis amor los unos con los otros" (Jn. 13:35). Cuando recién me convertí, me parecía que todos los cristianos debían llevar alguna insignia para que pudiésemos conocerlos. Pero ahora no creo lo mismo. Si el cristianismo se hiciera popular, al cabo de treinta días todos los hipócritas tendrían sus insignias. Nada de insignias exteriores, porque Dios nos ha dado una insignia para el corazón. No quiero una religión que no tiene amor. Es cosa de fabricación humana.

111. NO HABÍA PERDIDO TODO

Después del incendio que destruyó Chicago, un amigo me dijo:

—Moody, me dicen que usted perdió todo en el incendio.

—Usted ha entendido mal. No lo perdí todo.

—¿Qué le queda?

—No le puedo decir exactamente, pero me queda mucho más de lo que perdí.

—¿Así que no sabe cuánto tiene? ¡Nunca me imaginé que usted fuese un hombre tan rico!

—Soy más rico de lo que usted piensa. Pude rescatar del incendio mi vieja Biblia. Es casi lo único que salvé de la ciudad incendiada. Y una promesa de ese libro me iluminó mucho más que el fulgor de las llamas del incendio. Es aquella que dice: "El que venciere *heredará todas las cosas*, y yo seré su Dios" (Ap. 21:7).

112. HAY QUE ESCUCHAR AL PREDICADOR

En Chicago se convirtió un arquitecto que cuando dio su testimonio nos contó que hacía muchos años que asistía a la iglesia, pero que debía confesar que en todo ese tiempo no había escuchado un solo sermón. Cuando el pastor comenzaba a hablar, el arquitecto se sentaba tranquilamente y se ponía a pensar en los planos de alguna construcción. No podía decirnos cuántos planos había preparado en la iglesia.

Es que Satanás se había interpuesto entre este hombre y el predicador, y se había llevado la buena semilla de la Palabra. A menudo he predicado delante de personas que después no me han podido repetir ni una sola palabra de mi sermón. ¡Ni siquiera se podían acordar del texto bíblico!

113. EN LA ROCA ESTABAN SEGURAS

Se dice que las palomas se reunieron un día en una conferencia para resolver en dónde deberían hacer sus nidos. Una quería ir a los bosques, pero le señalaron que allí corrían peligro por las aves de rapiña. Otra sugirió que fuesen a la ciudad, pero se le dijo que serían apedreadas por los muchachos. Una tercera dijo que lo mejor era ir a las montañas y construir sus nidos en las hendiduras de las rocas. Así lo hicieron, y no se arrepintieron. "Oh moradores de Moab... sed como la paloma, que hace nido en la boca de la caverna" (Jer. 48:28).

"Roca de la eternidad... Sé mi escondedero fiel".

114. EL TESTAMENTO DE CRISTO

¿Has pensado alguna vez en el hecho de que cuando Cristo estaba en la cruz, hizo su testamento? Tal vez has pensado que nadie se ha acordado jamás de ti en un testamento. Si estás en el reino, alguien se acordó de ti. Cristo te recordó en su testamento. Legó su cuerpo a José de Arimatea. Legó su madre a Juan, hijo de Zebedeo. Legó su espíritu al Padre. Pero a sus discípulos les dijo: "La paz os dejo, mi paz os doy" (Jn. 14:27). ¡Piensa en ello! "Mi paz". ¡No nuestra paz, sino su paz!

115. DAREMOS GRACIAS A DIOS POR LA TRIBULACIÓN

Creo que en el cielo le daremos más gracias a Dios por nuestros reveses y nuestras pruebas que por ninguna otra cosa. Creo que Juan

Bunyan le habrá dado gracias por la cárcel de Bedford. Creo que Pablo le habrá agradecido los azotes. No dudo que Daniel habrá creído que su suerte era bastante dura. Poco imaginaría, cuando fue puesto en la fosa de los leones, que habría de ser de gran bendición para todos los pueblos de la tierra. ¿Estás pasando por dificultades? No te desanimes. Eres heredero de la gloria, y Dios está contigo. El tiempo de nuestra redención se acerca.

116. EL VIEJO MOODY

Estuve hace poco en el estado de Texas, y vi que un diario hablaba de mí como "el viejo Moody". Sinceramente, esta descripción me impresionó mucho. Me miré en el espejo en el cuarto de mi hotel para ver si tenía razón.

Mis queridos amigos, ¡jamás me he sentido tan joven como me siento en esta noche! No puedo ni pensar en que me voy a poner viejo. Creo que tengo una vida que no terminará jamás. La muerte puede cambiar mi posición, pero no va a cambiar mi condición ni lo que tengo en Jesucristo. La muerte no nos va a separar de Él. Eso es lo que nos enseña el capítulo 8 de Romanos. ¿Viejo? Solo tengo 62 años. Y si se encuentran ustedes conmigo dentro de diez millones de años, todavía seré joven.

117. ¿QUIÉN NOS JUSTIFICA?

¿Quién nos justifica? Dios. Y sería muy extraño que Dios, después de justificarme, me acusara de alguna cosa. La palabra "justifica" es tan hermosa que cuesta creerla. Con razón Lutero sacudió el mundo cuando se dio cuenta de que el justo por la fe vivirá. ¿Sabes lo que quiere decir "justificado"? Quiere decir que puedo pararme delante de Dios sin mancha ni arruga, sin pecado. Es volver a la época pre-edénica. Dios mira su libro de cuentas y dice:

—Moody, no tengo ninguna cuenta en contra de ti. Todas han sido pagadas por otro.

118. "HOMBRES DE GRAN INFLUENCIA"

Se habla mucho acerca de "hombres de influencia". No dudo de que si hubiéramos visitado la ciudad de Sodoma una semana antes de su destrucción, se nos habría dicho que Lot era el hombre de mayor influencia en la ciudad. Le habríamos encontrado sentado junto a la puerta de la ciudad. Quizás fuera juez o intendente o dueño de los mejores terrenos para la construcción. Y la señora de Lot quizás actuara en los mejores círculos de la sociedad. Los sodomitas nos hubiesen asegurado que Lot era mejor negociante que su tío Abraham. Un hombre "de enorme influencia", pero ¿qué poder tuvo? Me imagino que cuando Abraham intercedió por Sodoma, pensó: "Lot tiene mucha influencia. La gente habla muy bien de él. Ha estado en la ciudad veinte años, y es seguro que en ese tiempo habrá conseguido la conversión de medio hombre por año. Por lo menos ha de haber diez hombres justos en Sodoma".

Pero Sodoma fue destruida. Lot no había ganado ni una sola alma, y había arruinado a su propia familia.

119. LA BENDICIÓN DE TENER UNA BICICLETA

Puede ser una gran bendición poseer una bicicleta, pero cuando esto hace que en lugar de pasar el día del Señor en su servicio, lo pases en excursiones campestres, ¿qué será de tu alma? No conviertas el día del Señor en un día cualquiera.

120. DORMIDOS

Pedro y los otros tenían mucho sueño, pero cuando estaban despiertos vieron la gloria del Señor y de los dos hombres que estaban con Él en la transfiguración.

He pensado muchas veces que los tres discípulos representan a la iglesia de hoy. Se durmieron justamente antes de que la gloria irrumpiera en esa escena. Al parecer nos estamos acercando a la consumación de todo. Parece que la gloria del Hijo del hombre va a ser manifestada y, sin embargo, la esposa está durmiendo en lugar de estar vigilante esperando al esposo.

121. SOLO A LOS MUERTOS SE LES HACE JUSTICIA

Un hombre tiene que haber muerto hace como mil años, para que se le haga justicia. En los días de Noé, sin duda Enoc era considerado como un gran hombre, pero a Noé no se le tenía en cuenta en absoluto. En lo días de Abraham, Noé sería el gran hombre, pero de Abraham nadie se acordaría. En tiempos de Moisés, sería Abraham; en tiempos de Elías, Moisés, y en tiempos de Juan el Bautista, Elías.

122. GRACIA PARA MORIR COMO UN MÁRTIR

A veces se me ha preguntado si yo tengo suficiente gracia para ir hasta la hoguera y morir como un mártir. No, no la tengo. ¿Para qué preciso yo tener la gracia de un mártir? No me agrada el sufrimiento; pero si Dios dispusiera que yo tuviese que morir como mártir, sé que Él me daría la gracia necesaria. Si tengo que pasar por alguna gran aflicción, sé que Dios me dará la gracia que me haga falta en el momento oportuno. Antes, no me interesa.

123. ES TAN DIFÍCIL DESCRIBIR A CRISTO

Hace algunos años, un caballero iba por las calles de Baltimore. Vio que tres niñitas estaban paradas delante de la vidriera de una juguetería. Dos de ellas describían a la tercera, que era ciega, todo lo que había en la vidriera. El caballero se paró para escuchar, y dice que era interesante ver cómo se esforzaban para describir los juguetes, lo que les resultaba bastante difícil. Cuando me contaron este incidente, yo dije: Es justamente mi situación cuando tengo que hablar de Cristo. Los hombres no ven en Él belleza alguna. Pero si vienen a Cristo, Él les abrirá sus ojos revelándose en toda su hermosura y gracia.

124. SERPIENTES EN EL HOGAR

Estuve leyendo, hace poco, acerca de aquellas personas de la India que adoran a las serpientes. Me pareció algo horrible. Leía acerca de una madre que vio entrar a su casa una enorme serpiente que se enroscó alrededor de su hijita de solo seis meses de edad. La madre, cre-

128. FUNDADO SOBRE EL AMOR

Napoleón trató de establecer un reino por medio de la fuerza de sus ejércitos. Lo mismo hicieron Alejandro Magno, Julio César y otros guerreros. Jesús fundó su reino sobre el amor, y su reino va a permanecer. Cuando llegamos a este plano, el del amor, todas las cosas egoístas e indignas desaparecen, y entonces nuestra obra puede soportar el fuego de la prueba.

129. CIENTO VEINTE AÑOS SIN UNA SOLA CONVERSIÓN

Hace algunos años, yo me sentía muy desalentado, y estaba por colgar mi arpa en el sauce (Sal. 137:2). Hacía varias semanas que me encontraba deprimido. Un lunes vino a verme un amigo que era maestro de una clase bíblica muy numerosa.

Luego de conversar sobre varias cosas, me preguntó si yo había predicado alguna vez sobre Noé. Le dije que no. Cuando mi amigo se fue, abrí mi Biblia y me puse a leer acerca de Noé. Y me di cuenta de que Noé había trabajado ciento veinte años sin tener una sola conversión, y que sin embargo no se desanimó. Yo pensé que no tenía ninguna razón para sentirme desanimado. Cerré la Biblia, salí a caminar, y la nube se disipó.

130. EL YUGO DESIGUAL EN EL MATRIMONIO

Creo que el yugo desigual en el matrimonio es la puerta por la cual entran más desgracias a nuestros hogares que por ninguna otra. Muchas esposas cristianas prometen acompañar a sus esposos incrédulos al teatro, con tal de que ellos vayan a la iglesia el domingo. La esposa cree que de esta manera logrará la conversión del esposo, pero mi experiencia ha sido que, en noventa y nueve casos de cada cien, la mujer pierde su testimonio y es rebajada hasta el nivel del marido. ¿Cómo pueden los hijos de Dios esperar bendiciones, si en contra del mandamiento divino se casan con personas impías?

131. ANDAR CON CUIDADO

"Mirad, pues, con diligencia cómo andéis, no como necios sino como sabios" (Ef. 5:15). Un viejo teólogo que trató de ilustrar esta verdad dijo que es como un gato que tiene que caminar por una pared en la que se han colocado trozos cortantes de vidrio. El gato camina con mucho cuidado, bajando las patitas con atención para no cortarse. Recordemos que los ojos del mundo nos miran, y que nuestro andar debería ser muy cuidadoso.

132. "MIRAD PUES QUE VIVÁIS CIRCUNSPECTAMENTE"

Efesios 5:15, versión Nácar Colunga

Un joven de nuestro instituto bíblico en Chicago subió a un tranvía y llegó a su destino antes que el guarda pudiera cobrarle el boleto. Cuando pensó en el asunto, se dijo: "Esto no es andar circunspectamente", y entonces fue a la estación de tranvías, buscó al guarda, y le entregó los cinco céntimos. El hombre le dijo que era un tonto, ya que era obligación del guarda cobrar, y luego agregó: "Me parece que usted debe ser del instituto bíblico".

Poco después, el guarda vino al instituto y pidió al estudiante que fuese a visitarlo. Se iniciaron reuniones en su casa, y no solo el guarda, sino muchos otros fueron convertidos.

133. CRISTO HIZO LA DIFERENCIA

Escuchemos a H. L. Hastings. Dice:

"Un amigo mío visitó las islas Fiji en 1844, y ¿cuánto les parece a ustedes que valía un hombre en esa fecha? Podían comprar un hombre por una escopeta, o por siete dólares, y una vez que lo hubieran comprado, podían darle de comer, matarlo de hambre, pegarlo o comerlo, pues era un país de antropófagos. Pero si fueran allí hoy, no podrían comprar un hombre ni por siete millones de dólares. ¿Por qué la diferencia? Las mil doscientas capillitas cristianas dan la respuesta. La gente ha aprendido a leer el Libro que les dice que no han sido redimidos con cosas corruptibles como oro y plata. Y desde entonces, ya no hay venta de seres humanos".

134. HIJO, RECUERDA

Dos veces he estado a punto de morir. Una vez casi me ahogué, y cuando ya me perdía, en un abrir y cerrar de ojos, pasaron por mi pensamiento todas las cosas que había dicho, hecho o pensado en mi vida. Otra vez en que parecía que me moría, me aconteció lo mismo. Es para que podamos acordarnos de todo. Es solo cuestión de tiempo hasta que oigamos el "Hijo, recuerda". Y es mejor recordar ahora y confesar nuestros pecados antes de que sea demasiado tarde.

135. UNA PEQUEÑA GANADORA DE ALMAS

Una niñita de once años me habló un día en la escuela dominical, y me pidió que orara a Dios para que ella fuese una ganadora de almas. Me puse muy contento, y sigo contento pues actualmente es una de las más activas obreras cristianas del país. Supongamos que llegue a los sesenta años, y que siga ganando cuatro o cinco almas por año; al final de su vida habrá cientos de cristianos, gracias a ella.

Cuando ganas un alma para Cristo, no puedes ver cuáles serán los resultados. Una sola alma multiplica en mil. Tal vez el fruto sea un millón. No lo sabemos.

136. EL OTRO LADO DEL RÍO

Un pastor que había perdido un hijo pidió a otro pastor que fuese a predicar a su iglesia. El hombre, cuando fue, contó cómo vivía al lado de un río y sentía muy poco interés por la gente que vivía en la otra orilla, hasta que se le casó una hija, que fue a vivir al otro lado. Desde entonces, todas las mañanas el pastor iba a su ventana, miraba hacia el pueblo que estaba en la otra orilla, y sentía gran interés por toda la gente que vivía allí.

Refiriéndose al colega que había perdido un hijo, dijo: "Creo que como el niño ha cruzado el río, el padre ha de tener más amor al cielo que nunca antes".

Pongamos nuestros afectos en la otra orilla del río. No es más que un paso. Pronto estaremos en el cielo.

137. MOODY Y LOS NIÑOS

Cuando empecé a predicar, vi que a la gente mayor no le gustaba. Me di cuenta que yo los aburría. Entonces salí a la calle, y conseguí que dieciocho chicos me siguiesen un domingo a la escuela dominical. Continué haciendo este trabajo. Y, si valgo algo para la iglesia cristiana, se debe más a ese trabajo que a ningún otro. No era capaz de explicar difíciles pasajes de las Escrituras, pues yo mismo no los entendía. Pero les podía contar los relatos bíblicos y decirles que Cristo les amaba y que murió por ellos. Hice lo mejor que pude. Usé el pequeño talento que tenía, y Dios me bendijo.

138. LA FE DE UNA NIÑITA

Al final de una reunión, hace algunas semanas, una niñita me entregó un papel. Lo leí. Decía: "Ore a Dios, pidiéndole que mi madre vuelva a casa". La chiquita estaba sola, el padre había muerto y la madre la había abandonado. Hacía más de un año que había desaparecido. Orar que la mujer volviera me era cosa bastante difícil.

Algunos días más tarde, recibí otro papelito que decía: "¿Recuerda la niñita que hace poco le pidió que orase por el regreso de la madre? La madre ha vuelto y el viernes estuvo en la reunión con la hija". Ahora la chica nos pide que oremos por la conversión de su mamá.

139. EL BESO DE MI HIJITA

Un día me vino a ver en la oficina un caballero que quería presentarme a un joven que acababa de salir de la penitenciaría. Le dije que lo trajese, y entró. Le di la mano, le expresé mi satisfacción de conocerlo, y luego lo llevé adentro para que saludara a mi familia. Cuando mi hijita Emma entró a la habitación, le dije:

—Emma, este es un amigo de tu papá.

Entonces la chiquilla fue y lo besó. El hombre comenzó a llorar. Cuando la niñita salió de la habitación, me dijo:

—Señor, hace años que nadie me besa. El último beso que recibí fue el de mi madre, que estaba moribunda.

140. LAS ORACIONES DE LA PARALÍTICA

Yo conocía a una niña paralítica, que yacía en su lecho de enferma. Estaba preocupada porque no podía trabajar activamente para el Señor. El pastor le dijo que podía orar por aquellos que ella deseaba que fuesen convertidos. Le aconsejó que escribiera los nombres y luego que orara con fervor.

Pronto hubo un gran avivamiento en el pueblo. La enfermita preguntó con ansiedad acerca de los nuevos convertidos. Poco después murió, y encontraron debajo de su almohada un papel con los nombres de 56 personas, todas las cuales se habían convertido durante el avivamiento. Al lado de cada nombre había una crucecita, puesta por la niña cuando le llevaron la noticia de que esa persona, por la cual tanto había orado, ya había aceptado a Cristo.

141. TODOS PUEDEN TENER EL PREMIO

Cada cuatro años se entabla una gran lucha en nuestro país para ver quién será el presidente de los Estados Unidos. La batalla dura seis meses o un año. Muchos luchan para llegar a la presidencia, pero solamente uno obtiene el cargo.

En el reino de Dios, el más insignificante y el más débil pueden llegar. No solamente *uno* puede obtener el premio. Lo pueden obtener *todos*, si así lo desean.

142. PABLO, EL PRIMER MISIONERO

¿Dices que tu trabajo es difícil? Mira cómo Pablo brilló para Dios cuando salió como primer misionero a los paganos. Los hombres se burlaban de él. Se reían cuando les hablaba del crucificado. Pero seguía predicando el evangelio del Hijo de Dios. Los poderosos de su tiempo lo consideraban como un pobre fabricante de tiendas. Sin embargo, hoy nadie recuerda sus nombres, salvo que hayan tenido que ver algo con Pablo.

143. CRISTO QUIERE VER BRILLAR NUESTRA LUZ

Dios quiere que brillemos. No todos podemos ser faros, pero cualquiera de nosotros puede ser una velita de sebo. Una lamparita a veces puede hacer mucho. El incendio de Chicago se debió a que una vaca, de una patada, volteó una lámpara. Cien mil personas, como resultado, perdieron sus casas y sus posesiones. Que no te haga creer Satanás que porque no puedes hacer grandes cosas, no puedes hacer nada.

144. TRATEMOS DE SALVAR A LOS QUE SE PIERDEN

Hace años, un hombre que viajaba en el estado de Minnesota se encontró perdido en medio de una terrible tempestad. La nieve caía sin cesar, y el hombre ya no tenía esperanza de salvarse, cuando vio a lo lejos una lucecita en una cabaña de troncos. Haciendo un esfuerzo pudo llegar hasta la casita y se salvó la vida. Era un hombre de dinero. Compró la cabaña y edificó en el mismo sitio una hermosa casa.

En lo alto de una torre colocó una luz giratoria, y cada vez que hay tormenta, prende la luz, a fin de que pueda salvar a algún viajero que se encuentre en dificultades.

Eso sí que es gratitud. Así quiere Dios que procedamos. Si nos ha rescatado, debemos siempre estar buscando salvar a los demás.

145. ¿QUIÉNES ESTÁN MUERTOS?

¿Está muerto el apóstol Pablo? Su influencia es hoy más grande que nunca. ¿Han muerto Wesley o Whitefield? Nunca han sido más honrados que hoy los nombres de esos dos grandes evangelistas. ¿Ha muerto John Knox? Toda Escocia está llena de su influencia.

Les diré quiénes han muerto: los enemigos de estos siervos de Dios, aquellos que les persiguieron y calumniaron.

146. LA HUMILDAD

La lección más difícil de aprender es la humildad. No se enseña en los colegios de este mundo, sino en la escuela de Cristo. Es el más raro de los dones. Pocas veces encontramos a un hombre que sigue de cerca las pisadas del Maestro en mansedumbre y humildad. Creo que aprender a ser humildes fue la lección más difícil que recibieron los discípulos del Señor aquí en la tierra. Jesús no dijo: "Aprended de mí, que soy el más grande de los pensadores de este siglo. He hecho milagros como ninguno. He demostrado de mil maneras mi poder sobrenatural". No, la razón que dio era: porque "soy manso y humilde de corazón" (Mt. 11:29).

147. DAVID NO ERA JACTANCIOSO

Hace poco me di cuenta de que en ninguna parte de los Salmos hace referencia David a su victoria sobre Goliat. Si esta hubiese acontecido en el día de hoy, inmediatamente hubiera aparecido un libro sobre el suceso. No sé cuántas poesías se habrían escrito sobre las hazañas de este hombre maravilloso.

Hubiera tenido que dar ciclos de conferencias, y podría haber agregado a su nombre las iniciales G. M. G. (Gran Matador de Gigantes). Así es la cosa hoy: gran evangelista, gran teólogo, gran obispo…

148. LA PROMESA MÁS PRECIOSA

Hace algunos años un amigo me pidió que le dijera cuál era, a mi juicio, la más preciosa entre todas las promesas que nos dejó el Señor. Estuve mucho tiempo pensando, y al fin no pude decidirme. Me encontré en un caso parecido al de un padre de familia que no sabe a cuál de sus hijos quiere más. Los ama a todos. Pero, si no es la mejor, la promesa siguiente es una de las más dulces: "Venid a mí todos los que estáis trabajados y cargados, y yo os haré descansar" (Mt. 11:28).

149. MOODY PREDICABA SOBRE "TEXTOS VIEJOS"

Pero quizás digas: "Espero que Moody no vaya a predicar sobre ese viejo texto". Voy a predicar sobre él. Cuando me pongo a mirar fotografías, no exijo que todas sean fotografías nuevas; si reconozco alguna cara, me detengo inmediatamente. Así sucede con estos viejos textos. Han saciado en otras ocasiones nuestra sed, pero el agua sigue brotando. Son inagotables.

150. CON VERGÜENZA DE CONFESAR A CRISTO

Durante la Guerra Civil me llamó la atención que algunos hombres iban sin vacilar a los lugares más peligrosos de la batalla, pero no tenían la valentía necesaria para abrir sus Biblias y leerlas de noche en el campamento. Tenían vergüenza del evangelio de Cristo, que es poder de Dios.

151. NO HAY LUGAR PARA PASAJEROS DE PRIMERA CLASE

Un hombre sacó un pasaje para viajar en diligencia. Había boletos de primera, segunda y tercera clase. Pero cuando fue al coche, vio que todos estaban sentados juntos, sin ninguna diferencia. Partió la diligencia, y al rato llegó al pie de una colina. El coche se detuvo, y el cochero gritó: "Pasajeros de primera, permanezcan sentados. Pasajeros de segunda, salgan y caminen. Pasajeros de tercera, vengan atrás y empujen".

En la iglesia no tenemos lugar para los pasajeros de primera, gente que cree que la salvación significa un viaje cómodo al cielo. No tenemos lugar para los pasajeros de segunda, que son transportados la mayor parte del tiempo, y que cuando tienen que trabajar, van caminando por su cuenta sin pensar en la salvación de los demás. Los cristianos deben ser pasajeros de tercera, listos para bajar del coche, empujar todos juntos, y empujar bien fuerte.

152. LA CONVERSIÓN DE SAMUEL MOODY

Creo que nunca he amado tanto a ningún hombre como a mi hermano Samuel. Lo amaba mucho, tal vez porque estaba enfermo, y ¡oh! ¡cómo deseaba llevarlo a Cristo!

Al terminar una predicación una noche, pedí a los que desearan tomar la cruz y seguir a Cristo que se pusieran de pie. Me llenó de alegría ver que se puso de pie mi hermano. Parecía ser la noche más feliz de mi vida. Después, mi hermano y yo trabajamos juntos un tiempo, y en el verano salíamos a caminar y conversar acerca de nuestro viejo hogar.

Después de un año, fui a Chicago, en donde él debía encontrarse conmigo más tarde. Pero me llegó un telegrama que decía: "Samuel falleció". Viajé mil quinientos kilómetros para asistir a su sepelio, y lo que me dio más consuelo fue el versículo: "Y yo le resucitaré en el día postrero" (Jn. 6:40). Y cuando vi el rostro de mi hermano, me vinieron las palabras del Señor: "Resucitará tu hermano".

153. CUANDO MOODY ORÓ CON UN OBISPO CATÓLICO

En los comienzos de la obra en Chicago, grupos de chicos católicos molestaban en las reuniones, arrojando piedras y rompiendo ventanas. Moody fue a ver al obispo Duggan y le presentó su queja. El obispo le recibió con gran cortesía y le dijo que era una lástima que un hombre tan bueno como Moody no perteneciera a la verdadera iglesia. Al final de la entrevista, Moody le pidió que se arrodillara con él, para que ambos pidieran que Dios les indicase la verdad. El obispo se arrodilló, ambos oraron y, después de esa entrevista, no hubo más persecución organizada por parte de los católicos.

154. UNA CARTA DE MOODY A SU MADRE

Poco después que Moody dejó el comercio para dedicarse del todo a la obra evangélica, escribió a su madre como sigue:

"Desde hace ocho meses he ido todas las noches a una reunión de oración, menos en dos ocasiones… El Señor está bendiciendo mis esfuerzos y creo que tú me darías tu bendición de madre también… La semana pasada estuve en una convención de escuelas dominicales. Tengo que volver esta semana y la que viene. Siempre tengo auditorios numerosos. La semana pasada la iglesia estaba llena y había gente en la vereda, así que tuvieron que habilitar otra iglesia y prediqué en los dos lugares. El Señor me bendijo mucho. ¡Oh, mamá, si tú pudieras verme, nunca sentirías que hubiera dejado los negocios…!".

155. EL PEOR HOMBRE DEL PUEBLO

En cierto pueblo, Moody expresó el deseo de visitar al peor hombre de la localidad. Lo llevaron al hogar de un carpintero ateo, cuya esposa era creyente. Moody entró al taller y, mirando al hombre, le dijo:

—¿Sabe usted que Jesús de Nazaret fue carpintero?

—No lo sabía —fue la respuesta—, y no me interesa.

Pero Moody le resultó un personaje interesante y, cuando el predicador se fue de la casa, le dijo a la esposa que estaba seguro de que su marido iba a convertirse, y agregó:

—Dentro de dos días voy a pasar por el pueblo en tren. Le ruego que me haga alguna seña si es que su esposo ha aceptado a Cristo.

Cuando pasó el tren, Moody tuvo el gozo de ver a la buena señora parada frente a su casa haciendo flamear un gran mantel blanco.

156. COSAS MÁS IMPORTANTES QUE LA GRAMÁTICA

Un crítico demasiado celoso le dijo a Moody que no debería hablar en público, ya que cometía tantos errores gramaticales. Moody le contestó:

—Sé que cometo muchos errores, y que me faltan muchos conocimientos, pero lo hago lo mejor que puedo. Vea amigo, usted que conoce bien la gramática: ¿cómo la está empleando para Jesús?

157. LA HUMILDAD DE MOODY

Moody era uno de los oradores en una convención. Un predicador que le siguió en el uso de la palabra, aprovechó la oportunidad para criticarlo, dijo que su sermón se componía de recortes de diarios, etc. Cuando se sentó, Moody se puso de pie nuevamente, dijo que reconocía su falta de conocimiento y su falta de capacidad para preparar un sermón pulido. Agradeció al hermano que había señalado sus deficiencias y le pidió que guiara en oración, a fin de que Dios le ayudara a ser un siervo más útil. ¡No nos dice la crónica cuál fue la reacción de los presentes!

158. CÓMO PREPARABA MOODY SUS SERMONES

Una vez que había resuelto cuál sería el tema de su predicación, tomaba un sobre grande, y escribía sobre él el título o la referencia: *El cielo*, *El Salmo 23*, etc.

En sobres de este tipo iba guardando extractos de sermones, recortes de diarios, pensamientos originales, todo lo que se relacionara con el tema. En su escritorio tenía centenares de estos sobres, algunos de ellos muy abultados.

Cuando quería predicar sobre un tema determinado, primero revisaba el sobre y elegía aquellas cosas que le parecían de utilidad. Luego hacía un bosquejo en el cual introducía estas cosas. Decía que este método de hacer sermones presentaba grandes ventajas: el bosquejo permite que haya inspiración del momento, ya que el predicador no está atado a un manuscrito completo. Siempre decía que la iglesia precisa "hombres que puedan pensar mientras están de pie". "La gente dice que repito los mismos sermones. Naturalmente que lo hago. Si tienes un sermón que ha sido bendecido por Dios, no temas usarlo muchas veces".

159. HAY DEMASIADOS ORADORES

Mis amigos, tenemos demasiados oradores. Estoy cansado de los "picos de oro". Antes me lamentaba porque no podía llegar a ser orador. Pensaba que sería tan hermoso si yo pudiese hablar con un lenguaje bello que cautivara a mi auditorio. He escuchado a muchos grandes oradores. Venían, se iban, y su voz era como el aire: carecía de *poder*. Confiaban, no en el Señor, sino en sus bellos discursos. Era a esto que se refería el apóstol Pablo cuando dijo: "Ni mi palabra ni mi predicación fue con palabras persuasivas de humana sabiduría, sino con demostración del Espíritu y de poder" (1 Co. 2:4).

A un testigo que frente a un juez trata de hacer oratoria, pronto le harán callar. El hombre que dice la verdad en forma clara y sencilla es el que tiene mayor poder.

160. LA NECEDAD DE HACER IMÁGENES

Un cuadro o imagen de Dios tiene que rebajar nuestro concepto de Él. Nos limita a una idea, mientras que debemos crecer en gracia y en conocimiento. Hace de Dios un ser finito. Lo rebaja a nuestro nivel. Esta costumbre ha dado origen a los horribles ídolos indios y chinos. Como bien lo dice el Dr. McClaren: "El buscar la ayuda de los sentidos como aliados del espíritu es cosa harto peligrosa. Tienden a luchar para obtener la propia supremacía, y la historia de todos los cultos ceremoniales y simbólicos es una prueba de que el experimento, las más de las veces, termina con la sensualización de la religión, y no con la espiritualización de los sentidos".

161. POR QUÉ NO TENEMOS RETRATOS DEL SEÑOR

¿Has pensado alguna vez en que el mundo no tiene un solo retrato de Cristo que nos haya llegado desde el tiempo de sus discípulos? ¿Quién sabe cómo era el Señor? La Biblia no nos lo dice, salvo en algunos pasajes aislados como cuando afirma que "fue desfigurado de los hombres su parecer, y su hermosura más que la de los hijos de los hombres" (Is. 52:14). No sabemos nada acerca de sus rasgos faciales, ni del color de sus ojos o de su cabello. No conocemos ningún otro detalle que pudiera permitirnos hacer una representación fiel. No dejó ningún objeto de recuerdo a sus discípulos. Sus ropas las arrebataron los soldados romanos. ¿No es cierto que parecería que Cristo no dejó ninguna reliquia para evitar que ellas fuesen consideradas sagradas y se les rindiera culto?

162. EL VALOR DEL CRUCIFIJO

Dice el Dr. Dale, hablando del crucifijo: "Hace que nuestra adoración y nuestras oraciones sean irreales. Estamos adorando a un Cristo que no existe. El Señor ya no está sobre la cruz, sino sobre el trono. Sus sufrimientos han pasado para siempre. Se ha levantado de entre los muertos. Está a la diestra de Dios. Si oramos a un Cristo moribundo, no estaremos orando a Cristo mismo, sino a un mero recuerdo de Él. El daño que ha hecho el crucifijo a la vida religiosa del cristianismo, al fomentar un culto patológico e irreal, es incalculable. Nos ha dado un Cristo muerto en lugar de un Cristo vivo; un Cristo del cual nos separan muchos siglos, en lugar de un Cristo que está junto a nosotros".

163. EL ATEÍSMO Y LA MUERTE

Cuando yo vivía en Chicago, se me llamaba a asistir a muchos entierros. A menudo los deudos eran ateos, o deístas, o panteístas. ¿Por qué será que en la hora de la aflicción, los que siempre han hablado en contra de Dios llaman a los ministros de Dios para que les impartan consuelo? ¿Por qué no se presenta el ateo en la hora de la muerte para anunciar que no hay más allá, que no hay cielo, que no hay Dios? Este hecho es un reconocimiento de que "la roca de ellos no es como nuestra roca y nuestros enemigos son de ello jueces" (Dt. 32:·1).

164. SE COMPRARÍA OTRO ASNO

Un patrón quería exigirle a uno de sus obreros, que era cristiano, que trabajase el domingo. Un día le dijo:

—¿No dijo el Señor que si un asno se cayera a un pozo en día de reposo habría que sacarlo?

A lo que el obrero le contestó:

—Si, señor. Pero si yo tuviese un asno que tuviera la costumbre de caerse al pozo todos los domingos, o vendería el animal, o taparía el pozo.

165. LAS BENDICIONES DEL DÍA DEL SEÑOR

El gran estadista Gladstone dijo no hace mucho que el secreto de su larga vida es que, en medio de todo el trajín de la vida pública, nunca se ha olvidado de guardar el domingo, con su descanso para el cuerpo y el alma. Hasta la Constitución de los Estados Unidos toma en cuenta la necesidad de que el Presidente tenga su descanso dominical. Le da diez días —exceptuando los domingos— para considerar cualquier ley que se le haya enviado para la firma.

166. EL DOMINGO, DÍA DE GRAN ACTIVIDAD

Haz del domingo un día de gran actividad para el Señor. Primero, desde luego, viene la asistencia a la iglesia. John McNeill decía: "Hay una grave discrepancia entre nuestro credo acerca del día del Señor y nuestra conducta. En muchas familias, a las diez de la mañana del domingo se pregunta: '¿Iremos a la iglesia hoy?'. Pero el lunes nadie pregunta: 'Juan, ¿irás al trabajo hoy?'".

Un pastor estaba diciéndole a un agricultor que era una lástima que no fuese a la iglesia, y le señaló el hecho de que jamás faltaba al mercado. "Ah, señor —fue la respuesta—, al mercado *tenemos* que ir".

167. HONRA A TU PADRE Y A TU MADRE

Una mujer muy pobre pudo enviar a su hijo a la universidad. Cuando estaba por graduarse, el muchacho le escribió una carta a la madre pidiéndole que asistiera a la ceremonia. Pero ella le dijo que no podía ir porque tenía un solo vestido, bastante viejo. El hijo le aseguró que lo del vestido viejo no le importaba. Lo que quería era que estuviese ella. Por fin la señora hizo el viaje. El día de la entrega de diplomas, el joven entró al salón de actos con su madre, y le buscó uno de los mejores asientos. Mucho se sorprendió la anciana cuando supo que el hijo era el mejor alumno de su promoción. Cuando el muchacho recibió el premio, descendió del escenario y, delante de todo el público reunido, besó a su madre y le dijo:

—Toma, mamá, este premio es tuyo. Si no hubiese sido por ti, jamás lo hubiera sacado.

Gracias a Dios por hombres de esta clase.

168. CÓMO HONRAN LOS CHINOS A SUS MADRES

En China existe una costumbre pagana que nos haría mucho bien si la practicáramos en este país llamado cristiano. Cada Año Nuevo, todo hombre o niño varón, desde el más encumbrado hasta el más humilde, visita a su madre, y le lleva un regalo. Al mismo tiempo le agradece todo lo que ella ha hecho por él, y pide que ella siga bendiciéndole otro año más.

169. LE DIO EL JAMÓN MÁS GRANDE

Si tienes tendencias a ser avaro, procura ser lo más generoso posible, como lo hizo un campesino rico del estado de Nueva York, del cual me han contado. Antes de su conversión era muy miserable. Poco después de aceptar a Cristo, se le presentó un pobre que había perdido todas sus posesiones en un incendio. El campesino resolvió darle algunos comestibles, y pensó que entre ellos le daría un jamón. Cuando iba a buscarlo, el diablo le susurró al oído: "Dale el más pequeño que tengas". Luego de una lucha, el hombre sacó el jamón más grande que pudo encontrar. Entonces el diablo le dijo: "¡Eres tonto!". El campesino le dijo: "Mira, diablo, si no te callas, le voy a dar a este hombre todos los jamones que tengo en la despensa".

170. VOSOTROS SOIS LA LUZ DEL MUNDO

"Vosotros sois la luz del mundo" (Mt. 5:14). Me gusta el comentario de Spurgeon sobre estas palabras, cuando dice: "Las lámparas no hablan; brillan. Un faro no hace el ruido de unos tambores y, sin embargo, desde muy lejos el marinero puede contemplar su luz amiga. Que en esta forma las obras de ustedes brillen en su religión. Que el sermón principal de su vida lo predique su conducta".

171. NUESTRO CORAZÓN

¡Cuántas veces nos ha engañado nuestro corazón! Hemos comprobado que la Biblia dice la verdad cuando habla de lo engañoso que es. ¡Cuántas veces hemos dicho que nunca más haríamos alguna cosa, y a las veinticuatro horas ya la hemos hecho de nuevo! Un hombre puede creer que ha podido llegar hasta el fondo de su corazón, pero ha de encontrar que hay profundidades que aún no ha podido sondear. Lutero solía decir que tenía más miedo a su propio corazón que al Papa y todos sus cardenales.

172. NINGÚN ENGAÑO PUEDE SEGUIR PARA SIEMPRE

Abraham Lincoln solía decir que es posible engañar a todos durante un tiempo, a algunos todo el tiempo, pero que no es posible engañar a todos todo el tiempo. La muerte ha de revelar el engaño si este no ha sido descubierto antes; y la pobre víctima se ha de encontrar, desnuda, en la presencia de un Dios que no puede ser burlado.

173. EL RICO Y LÁZARO

Un instructor de escuela dominical había estado hablando del rico y Lázaro. Cuando terminó, les preguntó a los niños:

—¿Cuál de los dos les gustaría ser?

Un muchacho respondió:

—Me gustaría ser el hombre rico, en vida, y Lázaro después de muerto.

Eso no puede ser. O es la carne y la corrupción, o el espíritu y la vida eterna. No hay puente entre una y otra condición.

174. COSECHAS
LO QUE SIEMBRAS

Un día, el amo de Lukman, un fabulista oriental, le envió a que sembrara cebada. En la época de la cosecha, cuando el amo vio que estaba creciendo la avena, le pidió una explicación al esclavo. Lukman le dijo que había sembrado avena, en la esperanza de que cosecharía cebada. El amo entonces le dijo que debía estar loco, a lo que Lukman respondió:

—Tú mismo, señor mío, continuamente estás sembrando en el mundo la semilla del mal y, sin embargo, esperas en el día de la resurrección recoger el fruto de la virtud. Por eso yo creí que sembrando avena podría cosechar cebada.

175. ¿POR QUÉ NO TENEMOS EMPLEADOS HONRADOS?

Un comerciante me dijo hace poco:

—¿Por qué será que hoy no podemos conseguir empleados honrados?

Yo le contesté que no sabía las causas, pero que podrían ser estas. Cuando los comerciantes les enseñan a sus empleados que digan que ciertas telas son de pura lana cuando son mitad algodón, o les hacen que adulteren los comestibles y luego afirmen que son puros, es más difícil que el personal sea honrado. Mientras los patrones sigan enseñándoles a sus empleados que hagan pasar como artículos importados a cosas de fabricación nacional, tendrán empleados deshonestos. No estoy hablando novelas. Digo la verdad. No es una cosa poética. Es muy prosaica y muy solemne. El hombre tiene que cosechar lo que siembra.

176. COSECHAS DE LO SEMBRADO, EN LA HISTORIA

Quizás dices que no crees en la Biblia. La historia también afirma que se cosecha lo que se siembra. Maxentino construyó un puente falso para que se ahogara Constantino, pero se ahogó él mismo. Bajazet era exhibido por Tamerlane en una jaula de hierro que él había construido para este. Maximino sacó los ojos a miles de cristianos; una terrible enfermedad de los ojos hizo estragos entre su pueblo, y él mismo murió de ella en medio de intensos sufrimientos. Alejandro VI fue envenenado con vino que él había preparado para envenenar a otros. Enrique III de Francia murió a puñaladas en el mismo cuarto en que había planeado la masacre de los protestantes. Cuando a Foulón se le preguntó qué debía hacer el populacho muerto de hambre para poder vivir, respondió: "Que coman pasto". La turba enloquecida, lo tomó poco después, lo decapitó, puso su cabeza sobre una pica, y le llenó la boca de pasto.

177. NO ES NECESARIO CONOCER LA MALDAD

Hay jóvenes que afirman que es necesario practicar lo bueno y lo malo. ¡Qué tontería! No es necesario que yo meta la mano en el fuego para saber si quema.

Un barco había encallado en el río Mississippi, y el capitán no podía zafarlo. Por fin llegó un joven que le dijo:

—Capitán, tengo entendido que usted necesita un piloto que lo saque de este apuro.

—Así es. ¿Usted es piloto?

—Sí, señor.

—¿Conoce usted todos los peligros, y los bancos de arena?

—No, señor.

—Entonces, ¿cómo piensa sacarnos de aquí si no sabe dónde están?

—Es que sé donde *no* están, señor Capitán.

178. LA CONVERSIÓN DE LOS NIÑOS

Una de las obras maestras de Satanás es la de hacernos creer que los niños no son capaces de entender la religión. ¿Hubiera hablado Cristo de "fe como la de un niño", si hubiese sabido que un niño no podía comprender sus palabras? Es mucho más fácil para un niño amar y confiar, que para una persona mayor, y por ello debemos siempre anunciar a Cristo a la niñez, presentándolo como el objeto supremo de su elección.

179. NO PERDAMOS LAS OPORTUNIDADES

No perdamos las oportunidades. Napoleón decía: "Hay una crisis en todas las batallas, unos diez o quince minutos de los cuales depende la victoria o la derrota".

180. LOS FRUTOS DEL ATEÍSMO

¿Cuáles son los frutos del ateísmo? Produce el crimen. La sociedad se desorganiza. La castidad, la honradez y otras virtudes son minadas. El siguiente extracto de una carta escrita en una cárcel es una acusación tremenda contra ese sistema que niega a Dios:

"Soy uno de trece ateos. ¿Dónde están mis amigos? Cuatro han sido ejecutados. Uno se convirtió al cristianismo. Seis han sido condenados a prisión, y uno está en una celda de esta misma cárcel, condenado a prisión perpetua".

181. EL TESTIMONIO DEL CHINO CONVERTIDO

Un chino que se había convertido explica la siguiente historia.

Estaba caído en un pozo, casi ahogado por el barro, clamando que alguien me ayudara. En eso apareció un anciano de aspecto venerable que me miró desde arriba y me dijo:

—Hijo, este es un lugar muy desagradable.

—Sí que lo es. ¿No puede usted ayudarme a salir?

—Hijo mío, me llamo Confucio. Si hubieses leído mis obras y seguido lo que ellas enseñan, nunca hubieras caído en el pozo.

Y con esto se fue. Pronto vi que llegaba otro personaje, esta vez un hombre que se cruzaba de brazos y cerraba los ojos. Parecía estar lejos, muy lejos.

Era Buda, y me dijo:

—Hijo mío, cierra tus ojos y olvídate de ti mismo. Ponte en estado de reposo. No pienses en ninguna cosa desagradable. Así podrás descansar como descanso yo.

—Sí, padre, lo haré cuando salga del pozo. ¿Mientras tanto?...

Pero Buda se había ido. Yo ya estaba desesperado cuando se me presentó otra persona, muy distinta. Llevaba en su rostro las huellas del sufrimiento, y le grité:

—Padre, ¿puedes ayudarme?

Y entonces bajó hasta donde yo estaba. Me tomó en sus brazos, me levantó y me sacó del pozo. Luego me dio de comer y me hizo descansar. Y cuando yo ya estaba bien no me dijo: "No te caigas más", sino "Ahora andaremos juntos". Y desde entonces andamos juntos.

Así contaba el chino la historia de la compasión del Señor Jesucristo.

182. TODO LO QUE HACÉIS

"Todo lo que hacéis... hacedlo todo en el nombre del Señor Jesús" (Col. 3:17).

Me gusta lo que dice Pascal de este texto:

"Haz las cosas pequeñas como si fueran grandes, debido a la majestad del Señor Jesús que mora en ti; haz las cosas grandes como si fuesen pequeñas y fáciles, debido a su omnipotencia".

183. "VEN, OH VEN A MÍ"

Un hombre asistió a una de nuestras reuniones, en contra de su voluntad. Cuando llegó a la iglesia, toda la congregación estaba cantando:

Ven, oh ven a mí.
Ven, oh ven a mí.

Nos dijo después que le parecía que nunca en su vida había visto tantos imbéciles juntos: hombres mayores, de pie, cantando "Ven, ven, ven".

Terminada la reunión, no podía olvidarse de las palabritas cantadas. Procuró hallar consuelo en el alcohol. Fue de taberna en taberna, pero las palabras del himno sonaban con insistencia en su corazón. Se acostó, pero parecía que hasta la almohada le decía: "Ven, ven, ven". Se levantó, buscó el himnario, encontró el himno y lo leyó. Le pareció un himno absurdo, y quemó el himnario. Juró que jamás pisaría otra reunión. Pero esa misma noche volvió. Y cuando llegó a la puerta, estaban cantando el mismo himno. Para abreviar la historia, el hombre se convirtió y cuando dio su testimonio dijo: "Creo que este himno es el más hermoso que existe. Dios, por medio de él, ha salvado mi alma".

184. NO REGAÑAR

"El que gana almas es sabio" (Pr. 11:30). ¿Quieres ganar almas? No regañes ni trates a tus semejantes con torpeza. No procures derribar todos sus prejuicios antes de haberlos llevado hacia la verdad. Algunos creen que tienen que voltear todo el andamiaje antes de que puedan comenzar a trabajar en el edificio. Un joven predicador fue a la iglesia de un anciano pastor, y durante todo el sermón no hizo más que reprender a la congregación. Cuando terminó, le preguntó al anciano qué le había parecido la predicación. Este le dijo: "En casa tengo una vaca. Cuando quiero leche, le doy de comer. Ni le grito ni le insulto".

185. EL REMEDIO DE HANNAH MORE

Hannah More, la reformadora inglesa de principios del siglo XIX, tenía un método infalible para combatir el chisme. Cuando le venían con un rumor desagradable acerca de una persona, contestaba inmediatamente: "Vamos a ver a la persona aludida, para preguntarle si es cierto". El efecto era a veces muy curioso. El chismoso, sorprendido, modificaba sus acusaciones o pedía que ellas no se tomaran en cuenta.

186. NADA DE COMPROMISOS

La libertad religiosa es muy buena, dentro de ciertos límites. En el panteón de los dioses de Roma, podría ser admitido cualquier dios. Una de las razones de la persecución de los cristianos era que estos querían permitir que el Señor ocupara un lugarcito en el panteón. Napoleón pensaba construir templos en París para todas las religiones, a fin de que los extranjeros fuesen atraídos a la gran ciudad. Pero la verdad ya la dijo Dios mismo: "No tendrás dioses ajenos delante de mí" (Éx. 20:3).

187. NO DEBE POSTERGARSE LA CONVERSIÓN

En 1871, prediqué en Chicago una serie de sermones sobre la vida de Cristo, durante cinco noches. El último sermón era sobre el tema "¿Qué haré con Jesús?", y creo que cometí uno de los mayores errores de mi vida. Era una noche de octubre, y escuché que pasaban las máquinas del cuerpo de bomberos; pero no hice caso ya que a menudo oíamos las campanas que anunciaban la existencia de un incendio. Cuando terminé de predicar le dije al auditorio: "Quiero que lleven la pregunta a sus casas; que piensen sobre ella, y que el domingo que viene, me digan qué van a hacer con Cristo".

¡Qué error! Nunca más he dicho una cosa así.

Recuerdo cómo Sankey cantaba:

Hoy llama el Salvador;
acude a Él.
Cae la tormenta
y está cerca la muerte.

Después de la reunión me fui a casa. A la una de la mañana se quemó el local donde habíamos celebrado las reuniones. Pronto se incendió la iglesia en la que acostumbraba predicar. Fue destruida la ciudad.

Mi amigo, no sé lo que puede acontecer mañana, pero de una cosa estoy seguro: si aceptas el don de Dios, serás salvo.

188. EL HILO ROJO

Dicen que en la Marina británica a través de todo el cordaje utilizado corre un hilo rojo, que sirve de identificación. Así es con la Biblia. A través de toda ella corre un hilo rojo. Todo el libro señala hacia Cristo.

189. MÉTELA EN TU CORAZÓN

"En mi corazón he guardado tus dichos, para no pecar contra ti" (Sal. 119:11). Según un predicador escocés, guardar la Palabra en el corazón es meter una cosa buena en un buen lugar para un buen fin. Muchos tienen la Biblia en la cabeza, o en el bolsillo. Lo que necesitan es tenerla en el corazón.

190. SIEMPRE RECIBE Y NUNCA DA

¿Qué es lo que hace que el Mar Muerto sea realmente muerto?

El hecho de que siempre recibe y nunca da. ¿Por qué están fríos tantos cristianos? Porque siempre reciben y nunca dan.

191. CRISTIANOS MUDOS

Es muy triste ver a tantos cristianos mudos. Triste, pero cierto. Los padres creerían que es una gran calamidad tener hijos mudos. Pero ¿has pensado alguna vez en los muchos hijos mudos que tiene Dios? Las iglesias están llenas de ellos. Nunca hablan de Cristo. Saben hablar de política, de ciencia, de arte. Hablan con autoridad acerca de las modas de la época; pero no tienen nada que decir acerca del Hijo de Dios.

192. COMO HERMANOS SIAMESES

La envidia y el robo son como hermanos siameses. A menudo van muy juntos. Podríamos agregar la mentira, y ya serían trillizos. El envidioso es un ladrón en potencia. Cuando ve una

cosa que desea, y se le presenta la oportunidad de apoderarse de ella, pronto se demuestra
como lo que es: un ladrón.

193. UNA CUESTIÓN PERSONAL

Lutero dice: "La vida del cristianismo es una
cuestión personal. Una cosa es decir 'Cristo es
un salvador'. Muy otra es poder decir 'Cristo es
mi Salvador'. El diablo puede decir lo primero.
Solo el cristiano verdadero puede decir lo segundo".

194. ¿A QUÉ CATEGORÍA
PERTENECES?

Alguien ha dicho que hay tres clases de personas en el mundo: aquellas que dicen *quiero*,
aquellas que dicen *no quiero*, y aquellas que dicen *no puedo*. Las primeras triunfan en todo, las
segundas se oponen a todo, y las terceras fraca-
san en todo.

195. HAY QUE ARROJAR
EL LASTRE

Cuando los aeronautas suben en un globo,
llevan consigo bolsas de arena llamadas lastre.
Cuando se quieren elevar, las arrojan fuera del
globo. Así es en la vida cristiana. Si deseamos

elevarnos más cerca del cielo, debemos arrojar la arena y desprendernos de todas las pesas inútiles. Mientras no lo hagamos no podremos elevarnos.

196. LAS PEQUEÑAS ZORRAS

Escuchemos a Hudson Taylor: "Cuán numerosas son las pequeñas zorras. Situaciones comprometedoras. Desobediencia a la voz de Dios. Pequeñas satisfacciones dadas a la carne. Y… ¿cuál es el resultado? Que son sacrificados la belleza y el fruto de la viña".

197. EL NIÑO Y EL LIBRO PESADO

Me agrada pensar en Jesús como el que lleva nuestras cargas. Un pastor estaba un día mudando su biblioteca a un cuarto del primer piso de la casa. Mientras subía la escalera con una carga de libros, su hijito entró y expresó el deseo de ayudar a papá. Entonces el hombre le dijo que trajera algunos libros. Cuando se dio vuelta, vio que el niño había podido subir unos escalones, y que llevaba en sus brazos el libro más voluminoso de la biblioteca. Pero no podía subir más. El libro era demasiado grande. Y el chico se sentó a llorar.

El padre se inclinó, lo levantó en sus brazos,

y, libro y todo, lo llevó arriba. Es lo que hará Cristo si tú se lo permites. Te llevará a ti, con todas tus cargas.

198. COMIENZOS PEQUEÑOS

Un hombre casi desconocido estaba predicando un domingo a un pequeño grupo de personas en una capillita metodista de Inglaterra. Entre el auditorio estaba un muchacho de quince años, que se había visto obligado a entrar en la capilla por una tormenta de nieve que azotaba la comarca. El hombre habló sobre el texto "Mirad a mí, y sed salvos" (Is. 45:22), y mientras tartamudeaba y seguía como mejor podía, la luz del cielo entró en el corazón del joven. Salió de la capilla, salvado por Cristo, y pronto llegó a ser conocido como "el muchacho predicador". Se llamaba C. H. Spurgeon.

199. DECIR Y HACER

Un hombre que conversaba con un sacerdote brahmán, en la India, le preguntó:

—¿Podría usted decir como Cristo: "Yo soy la resurrección y la vida" (Jn. 11:25)?

—Por supuesto que sí.

—Pero *¿podría usted conseguir que alguien le creyera?*

Es allí que Cristo demostró su superioridad.

Sus palabras estaban respaldadas por su carácter y por sus hechos. Demostraba su poder divino, para acallar a sus enemigos.

200. EL IDEAL DE UN PADRE CRISTIANO

Dios me ha dado tres hijos, y desde su nacimiento he tratado de llevarlos a Cristo. Preferiría que fuesen cristianos, a que fuesen dueños de todas las riquezas del mundo. Mejor que poseer todas las riquezas de la tierra es la satisfacción de haber tratado de llevarlos a Cristo.

ÍNDICE DE TEMAS

E D I T O R I A L
PORTAVOZ

NUESTRA VISIÓN

Maximizar el efecto de recursos cristianos de calidad que transforman vidas.

NUESTRA MISIÓN

Desarrollar y distribuir productos de calidad —con integridad y excelencia—, desde una perspectiva bíblica y confiable, que animen a las personas a conocer y servir a Jesucristo.

NUESTROS VALORES

Nuestros valores se encuentran fundamentados en la Biblia, fuente de toda verdad para hoy y para siempre. Nosotros ponemos en práctica estas verdades bíblicas como fundamento para las decisiones, normas y productos de nuestra compañía.

Valoramos la excelencia y la calidad
Valoramos la integridad y la confianza
Valoramos el mérito y la dignidad de los individuos
y las relaciones
Valoramos el servicio
Valoramos la administración de los recursos

Para más información acerca de nuestra editorial y los productos que publicamos visite nuestra página en la red: www.portavoz.com